JN421668

누구나 쉽게 부담 없이 배울 수 있도록
체계적으로 정리된 사주의 바이블

사주대로 산다

사단법인 한국자연지리협회
회장 노영준 저

사주 초급

사단법인 한국자연지리협회
백산출판사

불법복사 · 불법제본
타인의 재산을 훔치는 범법행위입니다.
그래도 하시겠습니까?

패철 小·6선도 전면도

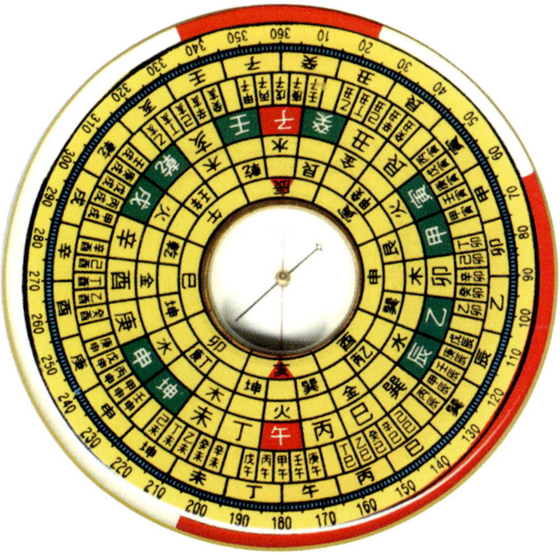

패철 전면도

패철은 소자가 6선이고 중자는 9선, 대자는 12선으로 되어 있다. 패철의 전면도는 사방팔방의 방위를 측정하게 되고, 패철은 과거 중국에서 만들어져서 현재까지 전해 내려오는데, 현대문명이 발전하면서 지구의 방위와 군사용, 여행용으로 사용되고 있으며, 패철의 전면도는 풍수지리에서는 음택명당과 양택풍수를 보는데 사용하고 있다. 그리고 사주에서도 오행이 부족한 것이 있는 사람은 잠을 잘 때 머리 위에다 놓고 자게 되면 잠이 잘 오고 부족한 오행의 기(氣)를 받게 된다. 패철은 우주의 축소판으로 오행이 모두 새겨져 있기 때문이다.

매화(梅花)는 수(水)

매화

매화는 얼음 속에서 찬 고통을 격고 꽂을 피워 그 향기가 맑고 사람은 쓰라린 고통을 많이 겪고 성장하므로 크게 성공을 할 수 있다는 것이다. 매화는 50대 여성에 비유되며 살아온 인생역정에 과거를 회상하면서 꽂을 피우니 고목나무에서 피는 꽂은 매화뿐일 것이다. 그래서 그의 고결함과 맑음을 말함이다. 매화는 한대성식물로서 음양오행에서 북방水이다. 사주에서 水가 부족하다면 매화그림이 좋다. 돼지띠나 쥐띠, 호랑이띠, 토끼띠는 말할 것도 없이 매화그림과 난초그림이 좋다. 매화는 1, 6水로서 홍백에 꽂을 피우니 水를 생하는 구도와 기법과 색상을 맞춰 주어야 한다.

난(蘭)은 목(木)

난초

난초는 봄의 식물로서 동쪽의 식물이다. 무심한 잡초와는 달리 고산토질에 알맞은 기후에만 뿌리를 내리고 서식을 하며 꽃망울을 터뜨리고 마음이 맑지 못한 사람에게는 향기조차 내뿜지 않는다는 기질인데, 그의 지고함을 사람에게 비유한다면 20대의 젊은 여성에 비유된다. 음양오행에서 木으로서 예부터 난초의 향기는 천리를 간다고 하였다. 사람의 사주에서 木이 부족하면 난초그림이 좋으며 호랑이띠, 토끼띠, 뱀띠, 말띠에게는 난초그림이 좋다. 물론 木을 생할 수 있는 구도와 기법과 색상을 써서 그려주어야 한다.

죽(竹)은 화(火)

죽

죽은 굳은 절개와 꿋꿋한 의지를 지니고 사시사철 푸른 잎을 자랑하는 기풍을 가지고 있고 사군자 중에서 남쪽에 열대성식물이다. 4월 5월에 죽순이 돋아나 성장기일은 15일에서 20일 동안 자라서 평생을 여문다 하여 그의 강건함과 유연성을 동시에 지닌 식물이다. 사시사철 푸르다 하여 선인들은 북쪽의 식물로 취급하기도 했다. 대나무는 왕성한 30대에 비유되며 中女火이다. 대나무는 음양오행에서 남방火에 해당된다. 뱀띠, 말띠, 소띠, 용띠, 양띠, 개띠는 대나무그림이 좋다.

국화(菊花)는 금(金)

국화

국화는 가을철의 식물이면서 서방 金으로 봄에 싹을 터서 여름에 무성함을 지나 가을에 꽃을 피우니 9월 9일 九九절이라 국화의 향기가 그윽하여 고고한 자태와 우아함을 지낸 40대 여성에 비유된다. 풍만하고 경륜을 지닌 어머니의 상으로서 다른 식물들은 찬 서리를 맞고 시들어지고 없는데 국화만이 우아한 품위를 잃지 않고 향기를 내뿜고 있다는 것이다. 사주에서 金이 없으면 국화그림이 제일 좋으며 원숭이띠, 닭띠, 돼지띠, 쥐띠는 물론 국화그림이 제일 좋다.

산수화(山水畵)는 토(土)

산수화

辰, 戌, 丑, 未띠는 산수화그림과 대나무그림이 좋다. 용띠, 개띠, 소띠, 양띠는 오행이 土이므로 산수화그림은 土이고 대나무는 火이기 때문에 土를 보태어줌으로써 좋고 土는 태양이 땅을 쬐어 주어야 만물이 자랄 수 있기 때문에 火生土로서 순행하게 된다.

머리말

인간의 생로병사(生老病死)는 수천년 전부터 반복되면서 이어져 왔다. 그래서 인간이 이 세상에 태어나면서부터 어떻게 살 것인가 또는 언제, 어디서, 무엇을 할 것인가 하는 걱정을 하고 있다. 그렇다. 인간이 이 세상 살아가면서 어찌 생각이 없겠는가! 걱정을 하고 느끼는 자체가 삶이라면, 누가 걱정을 하지 않겠는가! 타 동물과 달라서 느끼고 생각하는 것을 표현할 줄 아는 것이 곧 인간이라면, 우리는 왜 사는지, 어떻게 살아가고 있는지에 대해서도 충분한 공부가 있어야 할 것이다.

역학이란 학문이 가장 보편적인 인간사를 다루고 자연의 이치를 다루는 학문이라면 누구나 어렵다고 생각하지 않을 것이다. 그러나 분명한 것은 몇 가지를 외워 두어야 한다는 것이다. 우리는 어떠한 학문이라도 기초에서부터 차근차근 공부를 하는 것이 순서라고 본다.

기초적인 ㄱ, ㄴ, ㄷ도 모르고 한글을 공부하거나, ABC도 모르고 영어를 공부한다는 것은 올바른 학습태도가 아니다. 필자는 서두에서 혹은 강연을 하면서 역학이란 대단히 어려운 학문이라고 말한 적이 있었다. 그런데 어렵다는 말만 듣고서 아예 자포자기하는 예가 너무나 많다는 것을 느꼈다.

학문이 어렵다고 하는 것은 과거에 사서삼경(四書三經)을 읽을 때를 말한다. 여기서 사서라 함은 논어(論語)와 맹자(孟子), 대학(大學), 중용(中庸)을 말하고 삼경이라면 시경(詩經), 서경(書經), 역경(易經)을 말한다. 또 삼경 가운데 역경은 주역(周易) 즉 역서(易書)라고도 말하는데 맨 마지막에 가서 공부를 하게 되므로 난해한 학문임에는 틀림이 없다.

그러나 그 학문의 체계가 그렇게 되어 있다는 것이지 논어와 맹자나 대학, 중용, 시경, 서경 같은 것을 꼭 해야 한다는 것은 아니다. 예를 들어 대학에서 여러 학과가 있는데 그 많은 학과를 모두 이수해야 대학을 졸업하는 것은 아니고, 본인의 전공과목을 이수함으로써 졸업을 하는 것이다. 그러므로 역학의 연구라고 해서 이와 별로 다를 바 없다는 것을 이해하기 바란다.

역학이란 인생의 생로병사와 자연의 질서를 공부하는 것이므로 누구나 쉽게 터득할 수가 있고 또 깊이 연구도 할 수 있는 단일체의 학문이다. 따라서 깊은 사색을 공부 하려면 풍수지리까지도 겸할 수 있다고 보는데, 다만 풍수지리란 학문이 따로 정립되어 있어서 함께 공부를 해도 되고 하지 않아도 된다고 본다. 풍수지리도 주역의 이론에 근본을 두고 있기 때문에 역학을 공부하는 사람이라면 누구나 쉽게 터득할 수 있다는 장점이 있다. 따라서 역학에 대한 공부가 차차 익숙해지게 되면 풍수지리에 대해 조금만 관심을 가지더라도 쉽게 터득할 수가 있어서 같이 병행해서 공부를 하는 것이 보다 효율적인 연구방법이라고 생각한다.

그래서 이번 「사주대로 산다」 초·중·고에서는 누구나 쉽게 접할 수 있도록 풀이를 해 놓았으므로 소설책을 읽는다는 생각으로 읽어 나가다보면 어느새 하나씩 하나씩 머리 속에 남게 될 것이다.

어떠한 학문이라도 시간표를 짜고 계획을 세워서 연구하게 되면 오히려 획일적인 계획표에 얽매이는 우(愚)를 범할 수도 있음을 말하고 싶다. 그러므로 항상 시간과 기회가 주어질 때면 어느 때나 공부하게 되면 모두가 내 것이 된다는 생각으로 접근을 했으면 하는 것이 저자의 바람이다.

사단법인 한국자연지리협회

이 사 장 노 영 준

차 례

음양오행의 이해

인간의 생성과 소멸은 우주 순환의 이치에 따른다. 태양(太陽)과 수성(水星), 목성(木星), 화성(火星), 금성(金星), 토성(土星)과 달이 지구와 멀고 가까워질 때 생기는 변화 속에서 우리는 그 영향을 받으며 살고 있다. 우리가 살고 있는 지구는 태양을 구심점으로 자전과 공전을 거듭하고 있는 하나의 별이다. 그 별들의 원소는 물(水), 나무(木), 불(火), 흙(土), 쇠(金)의 오행(五行)으로 이루어져 있으며, 음양(陰陽)이란 최초에 태양과 지구를 중심으로 만들어졌다.

태양과 달, 태양과 지구, 지구와 달의 관계는 모두 음양으로 나누게 되는데 크게 두 가지로 구분함에 있어 한편으로는 대립되고 다른 한편으로는 동반자로서 남녀를 연상케 하여 매우 좋은 관계로 발전하기도 한다.

남녀가 만나서 궁합이 맞지 않으면 매일 싸움이나 하듯이, 이 두 가지 중에서 어느 하나라도 기울어지거나 한쪽이 약하게 되면 극(剋)으로 변하게 되는 것이 음양의 이치이다.

그래서 하늘과 태양을 양(陽)으로 구분하고 지구와 물은 음(陰)으로 구분된다. 음양의 이론이란 천지의 만물이 순환이 되면서 돌고 돌아가는 것이 마치 수레바퀴가 돌아가고, 기어가 맞물려 돌아가고, 톱니바퀴가 돌아가는 것과 같다.

여기서 태양은 양(陽)의 기운 그 자체이다. 열은 끊임없이 움직이고, 지구에 양기(陽氣)를 만들어 줌으로써 생명을 주는 핵심적인 에너지원이 된다.

하늘과 태양은 높고 밝으며 양적인 반면, 지구와 물은 낮고 어두워서 음적이다. 태양이 비춰지지 않으면 어둡고 싸늘한 것인데, 이것은 물의 성질을 말한다.

양은 남자요 하늘이요 태양이고, 음은 여자요 달이요 땅을 말한다. 그 속에서 음양이 조화를 이룬다는 것은 남녀가 결합을 하여 자식을 낳는 것이며, 그것이 곧 가정과 사회, 나아가 국가를 형성하게 된다. 그러면서 생성, 운동이 존재하며 나아가 변화를 거듭한다. 그러므로 생명은 존재하기 위하여 운동하고 변화하기 위해 교육을 받고, 여러 분야에서 혼신을 태우는 것이 아니겠는가!

오행을 상징하는 숫자로는 水는 [1, 6] 木은 [3, 8] 火는 [2, 7] 土는 [5, 10] 金은 [4, 9] 번의 숫자이다.

이 다섯 가지의 오행이 처음 쓰인 것은 중국 은나라 때의 서경(書經)에 기록되어 있는 것인데, 홍범구주도에 기록한다. 홍범은 기자(箕子)가 무왕에게 간한 글로 전해진다. 여기서 다음과 같이 기록한다. 오행의 이치는 처음에는 물 수(水)인데, 물은 흘러내리는 곳에 있다 하였으니 높은 산꼭대기에서부터 흘러내리면서 만물을 적시고, 만물에게 자기가 가진 영양분을 공급하고, 개울로 냇가로 강으로 흘러서 바다에 도달하니 짠맛만 남았더라 하여 물은 흘러내림을 뜻하며, 흘러내림은 짠맛을 만들어 낸다는 것이다. 그리고 2번인 불 화(火)는 타오르고 위로 퍼지며, 열심히 자기 몸을 부풀려 태우고 나니 쓰다 하여 쓴 입맛을 만든다는 것이다.

3번인 나무 목(木)은 곧은 것이 특징이요 자라남을 뜻하여 위로 올라가는 습성을 가지고 있다. 나무의 결실은 열매에 달려 무르익으면서 신맛을 내므로 나무는 신맛을 만들어낸다. 쇠 금(金)은 4번인데, 원래 金의 성격은 빛을 내는데 있어서 주저함이 없고 金의 성질은 변화무상하여 우리 인류사회에서도 적잖은 발전을 주었다. 그래서 金의 성격은 녹여서 변질이 됨으로써 금반지 기예품 그리고 온갖 장식품을 만들어낸다. 그것은 매운 맛에서 비롯된다.

그리고 흙 토(土)는 5번으로 우리 인류는 아주 먼 선사시대부터 흙에서 살아오면서 열매와 식물을 채취해서 삶을 누려왔듯이, 완전한 농경문화를 이루는 데까지는 토지에서 삶의 지혜를 얻어 왔다.

우리는 땅에서 태어나서 땅에서 삶을 영위하다가 결국은 죽어서도 땅 속으로 묻히게 되는 대자연의 순환 속에서 면면히 이어져 오는 것이다. 흙에 맞는 맛은 단맛을 내는데 그 뜻이 있다. 이 다섯 가지 오행으로써 과거 철인들은 음과 양, 그리고 오행을 만들어 심오한 철학의 학문을 전성케 하였다.

오행에는 음양이 함께 있어서 서로 맞물려 돌아가고 있으며, 자연의 원리를 이해하게 되면 곧 인간을 이해할 수 있는 지혜가 여기에 있는 것이다. 여기서 구체적으로 각 오행을 살펴보기로 하겠다.

수(水)

水는 큰물로서 양수(陽水)인 壬水가 있다. 음의 물기를 머금은 채 검은 빛을 띠며 돌고 있는 별을 수성(水星)이라 한다. 물은 높은 곳에서 낮은 곳으로 흘러감으로써 물의 성정은 지혜롭고 유동적이며, 생명력과 원동력을 상징한다.

사주 내에서 水가 적으면 성격은 독단적이 되며, 반복됨이 많고 용기와 계획성이 부족하다. 그리고 사주 내에서 水가 많으면 고집이 세고 지혜가 있고 봉사정신이 강하다. 만물이 살아나가기 위해서 가장 근본적이고 중요한 요소는 물이다.

작은 물로서는 음수(陰水)로서 계수(癸水)가 있는데 癸水일은 방향으로는 북쪽 방향에 해당한다. 水는 土의 왕함을 꺼리고 너무 많은 불을 만나면 물의 본질을 빼앗기는 기운이 설기가 됨으로써 좋지가 않다. 물은 차갑고 서늘한 특성이 있다. 水의 성질은 아래를 향해 흐르는 특성이 있으므로 자연계의 사물과 현상 중 아래로 향하는 것은 모두 水의 기질에 속한다.

목(木)

木이란 살아 있는 모든 것을 가리킨다. 태양이 동방에서 먼저 솟아오르게 됨으로써 모든 생명의 시초에 해당한다. 사주 내에 목기(木氣)가 강하면 욕심이 대단히 많아서 출세욕이 강하다. 木은 이 세상 물질 가운데 솟구치고 뻗어나가려는 성질이 가장 강하다. 木의 성질은 위로 올라가는 성질이 있다. 木의 성질은 자연계의 작은 미풍에도 흔들리기 쉬우므로 변동됨이 많아서 사주 내에 木이 많으면 동분서주하기 쉽다.

木은 계절로는 봄에 해당하고 방위는 동쪽에 속한다. 乙木은 어린 나무와 초목을 말하고 甲木은 거목을 상징하며, 甲木이 사주 내에 있으면 꼿꼿하여 자존심이 강한 선비정신을 가지며, 乙木은 잡초를 뜻하므로 바람에 잘 흔들려서 마음이 갈대와 같다.

그러나 사주 내에는 木이 있어야 모든 만물이 땅에 뿌리를 내리듯이, 인간도 땅에 발을 붙이지 않고서는 살아갈 수가 없어서 자라나는 아이들은 木에 비유가 된다. 사주 내에 木이 없으면 의지력이 약하고 아이들은 인내심이 부족하다.

화(火)

火는 큰 불로서 丙火의 양화(陽火)가 있고 작은 불로서 丁火의 음화(陰火)가 있다.

이를테면 양화는 큰 태양을 말하고 전기불, 촛불, 화롯불, 형광등, 반딧불 등을 음화(陰火)라고 한다. 불은 강렬하게 자신을 태워서 주위를 밝히는 성분이 있기에 사주 내에 火가 많으면 성격이 매우 급하고 활발하고 솔직하다.

여름에 해당하는 火는 남쪽이고 火는 물체를 녹이는 속성이 있다. 물체를 태움으로서 용해하여 변화시키는 작용을 한다. 뜨거운 열기가 있어서 물체를 태울 때에는 불꽃이 위로 솟아오르는 속성을 가졌으므로 火의 특성은 널리 퍼져나가려는 기질이 있다. 가령 이 지구에도 火氣가 없다면 모든 동식물이 자라지 못하게 되어서 火는 만물의 온도 역할과 활력소의 에너지원이 된다.

과거 원시시대부터 우리 인간은 화전을 하여 곡식을 심을 때에도 대지에다 불을 질러서 초목이 타면서 거름이 되고 땅이 굽혀서 밑거름이 되었다.

토(土)

土는 오행 중에서 중앙 土라 하여 사방의 오행에 연결하는 역할을 하게 된다.

土는 큰 土를 양토(陽土)라 하여 무토(戊土)를 말함이고 그를 에워싸고 있는 많은 성을 음토(陰土)라 하여 기토(己土)에 해당한다. 戊土가 제방이나 산을 의미한다면 己土는 전답이나 토지처럼 작은 땅을 의미한다. 戊土의 성격은 우둔하고 융통성이 없고 신의가 있는 반면, 己土는 순종적이고 온화한 면이 돋보인다.

土의 성질은 모든 것을 중화시키는 도량역할을 하게 된다. 土는 자연계의 중재자라 일컬으므로 자연계의 모든 사물과 현상을 중재하고 중화시킨다.

土의 성질은 생물을 자라게 하며 자연계의 물질은 흙 속에서 성장하고 변화되어 나오므로 생물을 성장시키고 받아들이는 속성을 가진다. 사주 내에 土가 많으면 남다른 신의와 신앙심으로 생활에 충실하게 된다.

가령 사주 내에서 土가 없다면 土는 지구를 말함이요, 모든 만물의 어머니로서 포근한 보금자리가 없어서 사주가 허망하게 되는 것이다. 그리고 土는 음양오행에서도 사계절을 받아들여서 각 오행을 연결하는 연결고리가 되어서 각 오행을 연결하는 모든 만물을 거부하지 않게 된다.

금(金)

金은 보석이요 곡식의 알맹이를 뜻하게 되어서 단단함을 의미한다. 새벽 동녘 하늘을 밝혀주는 큰 별들 중에서 쇠의 성질을 갖고 있는 것을 금성이라 한다. 양금(陽金)으로서 경금(庚金)이 있고 庚金은 큰 광산에 광석을 말하고 용단, 개혁, 위엄을 나타낸다면, 그 주위의 별들을 음금(陰金)이라 하여 보석의 성질을 가진 신금(辛金)이 있다. 辛金은 단순하고 치밀하고 예리하다.

金의 성질은 한랭하며 서늘하다. 금속의 성질은 싸늘하고 木처럼 포근한 느낌이 없고 쇠 소리를 낸다. 그래서 종 금속은 두드리면 소리가 난다. 자연계의 사물 중 소리를 내는 특성이 있는 것은 모두 金에 속한다. 사주 내에 金이 많으면 냉정하고 명예가 높게 되고 가을에 오곡이 무르익으면 알맹이가 가득 차서 단단하다.

계절은 가을을 金의 계절로 부르게 된다. 가령 사주 내에서 金이 없다면 이것은 사람이 허울만 좋고 알맹이가 없는 격이여서 실속이 없다. 현대 문명이 발전을 하면 할수록 금속성의 물질은 발달을 하게 된다.

오행의 구성

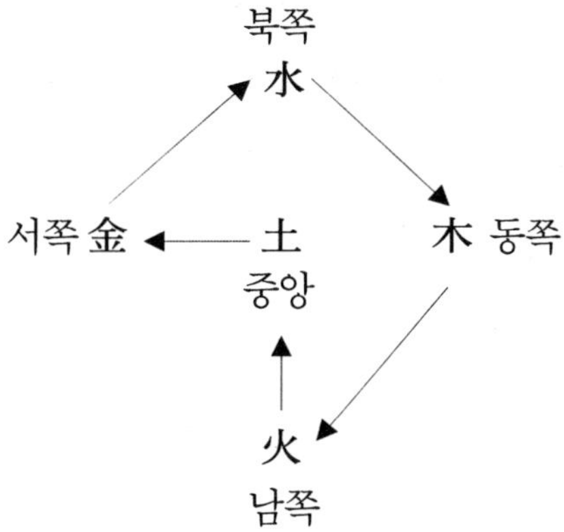

水는 북쪽을 차지하며 木은 동쪽을 차지하고 火는 남쪽을 차지하게 된다. 그리고 土는 중앙 토(土)라 해서 중앙을 차지한다. 그리고 金은 서쪽을 대변하게 된다. 水木火金은 사방을 대변하며 土는 중앙 土로서 지구를 대변한다.

1-6 水
색깔 흑

4-9 金	5-0 土	3-8 木
색깔 백	색깔 황	색깔 녹

2-7 火
색깔 적

水는 1-6 숫자이며 색깔은 흑색이며 木은 3-8 숫자 색깔은 적이며 색깔은 녹색이다. 火는 2-7 숫자이며 색깔은 적색이다. 土는 5-0이고 색깔은 황색이다. 金은 4-9 숫자이고 색깔은 백색이다.

팔자의 구성원리

인간은 태어날 때 사주팔자를 타고 태어나는데, 년주(年柱), 월주(月柱), 일주(日柱), 시주(時柱)가 그것이다. 위에 천간 4자와 아래 지지 4자가 각각 짝을 지어서 모두 8자로 이루어진 것이다.

[사주팔자의 구성 표]

시주	일주	월주	년주
●	●	●	●
●	●	●	●

가령 2004년 7월 7일에 태어났다면 2004년 년주에서 2글자, 7월 월주에서 2글자, 7일 일주에서 2글자 시주에서 2글자 이렇게 해서 2줄에 4칸으로 모두 8글자가 들어가게 되므로 사주팔자가 된다.

천간(天干)

천간은 甲, 乙, 丙, 丁, 戊, 己, 庚, 辛, 壬, 癸가 있다. 이 십간은 다시 음간(陰干)과 양간(陽干)으로 나누어지며, 이것을 만유의 십분법이라고도 한다. 천간에서 甲은 양이요, 乙은 음이다. 이렇게 해서 오행은 모두 음양으로 구성되어 있다.

양간(陽干) : 갑(甲), 병(丙), 무(戊), 경(庚), 임(壬)

음간(陰干) : 을(乙), 정(丁), 기(己), 신(辛), 계(癸)

[천간]

천간	甲	乙	丙	丁	戊	己	庚	辛	壬	癸
음양	+	−	+	−	+	−	+	−	+	−
오행	木	木	火	火	土	土	金	金	水	水

천간을 음양관계에서는 양이라 하며 양은 빛나는 태양이며 하늘을 상징한다. 태양의 에너지는 곧 +(플러스)라고 칭하게 된다.

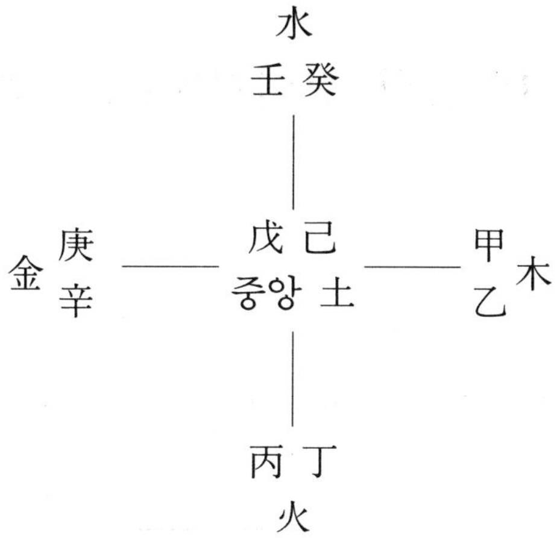

천간에도 甲乙은 木이 되며 동쪽을 나타내고 丙丁은 火로서 남쪽을 뜻하며 戊己는 중앙 土로서 사방의 오행을 연결하는 연결고리가 된다. 庚辛은 서쪽을 나타내며 壬癸는 북쪽을 나타나게 된다.

지지(地支)와 십이지지(十二地支)

자	축	인	묘	진	사	오	미	신	유	술	해
子	丑	寅	卯	辰	巳	午	未	申	酉	戌	亥
|	|	|	|	|	|	|	|	|	|	|	|
쥐	소	호랑이	토끼	용	뱀	말	양	원숭이	닭	개	돼지

12지지에서 子는 양이요, 丑은 음이다. 양과 음으로 이루어졌다. 상징하는 동물의 발톱 숫자가 홀수일 때는 양이요, 짝수일 때는 음이다.

[십이지지의 음양과 오행]

지지	子	丑	寅	卯	辰	巳	午	未	申	酉	戌	亥
음양	+	−	+	−	+	−	+	−	+	−	+	−
오행	水	土	木	木	土	火	火	土	金	金	土	水

지지는 음양오행에서 지구를 뜻하며, 지구는 태양과의 관계에서 −(마이너스)를 칭한다. 우주와의 관계에서 태양과 지구를 구심점으로 음양을 표시함에서 이루어졌다. 태양은 양(+), 지구는 음(−)이라 부른다.

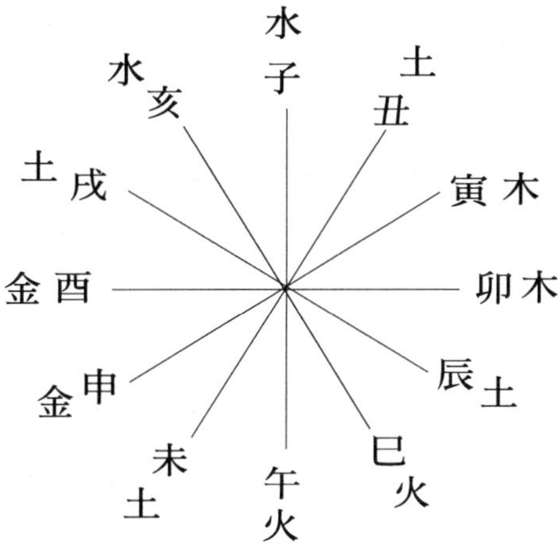

지지를 원형으로 그리는 것은 지구가 태양 주변을 돌아가는 궤도를 말함이다. 子丑寅卯辰巳午未申酉戌亥로 원형을 그린 것은 지구가 태양 주변을 1년 12달에 걸쳐서 돌아오는 과정을 말함이다. 그 과정에서 달은 지구의 궤도를 돌아가는 12바퀴를 돌아가게 되는 것이다.

※ 오행에 따른 특성

음양관계에 있어서는 천간에 하늘과 태양 그리고 지구를 추상적인 의미에서 음양으로 구분되었지만, 천간만 가지고 세분화하면 태양의 작용 속에서도 그 작용이 분열되어 음(−)과 양(+)으로 구분하게 된다.

같은 천간이라도 그 보편적인 논리상 고유의 개념으로 분리하여 독립하게 된다. 갑을병정무기경신임계(甲乙丙丁戊己庚辛壬癸)는 음양관계에서 고유명사로 불리게 된다.

태어난 날의 일간(日干)에 따라 사람들은 대체적으로 다음과 같은 특성이 있다. 십간을 오행으로 음양을 나누어서 상징적인 이름을 붙인 것이다. 예를 들어 乙木은 초목으로 보지만 乙木이 많다면 甲木, 즉 수목림의 형상을 띠게 된다.

[천간 오행의 특성 도표]

천간(天干)	특　　성
甲木「+」	강직, 낭비, 고집, 두각, 독립
乙木「−」	허약, 유약, 쇠약, 의지, 예민
丙火「+」	과장, 허영, 명랑, 개방, 적극
丁火「−」	정열, 개혁, 집요, 연구, 온정
戊土「+」	고중, 신의, 중립, 중용, 우직
己土「−」	온화, 충실, 근검, 순정, 겸손
庚金「+」	과감, 용단, 의협, 정의, 냉정
辛金「−」	실제, 단순, 치밀, 분석, 섬세
壬水「+」	지략, 사려, 활달, 희생, 포용
癸水「−」	겸손, 냉정, 소극, 분별, 민감

① 甲木은 거목으로 강직한 특성을 가지고 있고 굳은 기질과 높이 솟는 의미로서 학자의 기질이다.

② 乙木은 초목으로 유약하면서 쇠약하여서 남에게 의지하기 좋아하고 간사하며 애교가 있다.

③ 丙火는 큰 불로서 활발하고 개방적이며 정열적이고 丙火는 허풍의 기질이 있다.

④ 丁火는 작은 불로서 계획적이고 치밀하여 한 가지 일에 열중하고 연구하는 기질과 온정이 있다.

⑤ 戊土는 양토로서 무뚝뚝하고 한 가지 밖에 모르는 고집이 있고 중앙土로서 중개자 역할을 한다.

⑥ 己土는 음토로서 근검절약 정신과 겸손하고 분별을 알고 대처해 나갈 줄 아는 기질이 있다.

⑦ 庚金은 강직하여 검사나 검찰계통에 종사하는 자가 많고 용단의 의협심과 정의를 추구하는 기질이다.

⑧ 辛金은 치밀하면서 섬세하여 마치 세공된 보석과 같아서 수학자나 물리학자의 기질이 있다.

⑨ 壬水는 만물의 영양소 역할을 하게 되고 만인의 지도자 역할을 하는 지략적인 기질이 있다.

⑩ 癸水는 음수로서 차고 냉정하면서 옹졸하다. 꼼꼼하며 예리하여 예술가의 기질이 있다.

[오행의 구분 도표]

오행 분류	목(木)	화(火)	토(土)	금(金)	수(水)
천간 (天干)	갑을 甲乙	병정 丙丁	무기 戊己	경신 庚辛	임계 壬癸
지지 (地支)	인묘 寅卯	사오 巳午	진술축미 辰戌丑 未	신유 申酉	자해 子亥
수(數)	3, 8	2, 7	5, 10	4, 9	1, 6
오색 (五色)	녹(綠)	적(赤)	황(黃)	백(白)	흑(黑)
방위 (절기)	동(東) 춘(春)	남(南) 하(夏)	중앙 (사계)	서(西) 추(秋)	북(北) 동(冬)
성정 (性情)	강직	온정	우둔	냉정	희생
오미 (五味)	신맛(酸)	쓴맛(苦)	단맛(甘)	매운(辛)	짠맛(鹹)
오장 (五臟)	간(肝)	심(心)	비(脾)	폐(肺)	신(腎)
오부 (五腑)	담 (膽)	소장 (小腸)	위 (胃)	대장 (大腸)	방광 (膀胱)
오상 (五常)	인(仁)	예(禮)	신(信)	의(儀)	지(智)
오음 (五音)	각(角)	치(徵)	궁(宮)	상(商)	우(羽)
오관 (五官)	눈(眼)	혀(舌)	몸(體)	코(鼻)	귀(耳)

오행의 상생상극(相生相剋) 작용

상생(相生)이란 물이 높은 곳에서부터 낮은 곳으로 흐르는 것과 같은 자연의 순리를 뜻하고, 상극(相剋)이란 서로 지배하는 형국으로서 상대의 세력을 극하는 성질을 말한다. 오행이란 생하기도 하고 극하기도 하는 과정에서 발전을 가져오는 것이다.

만약에 오행이 생을 하지 않는다면 자라는 물질이 없을 것이고 극을 하지 않는다면 멈추는 일이 없게 될 것이다. 그래서 상생과 상극이 절실히 필요하게 되는 것이다.

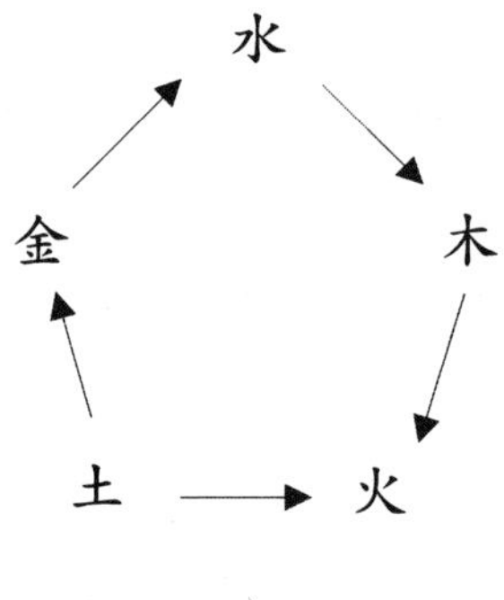

■ 상생도(相生圖)

■ 상극도(相剋圖)

상생(相生)의 뜻

상생은 순행하면서 전진적이고 순리적인 질서를 의미하며 서로 생해준다는 뜻으로 도와주다, 만들다, 낳는다 등의 의미가 있으며, 키워서 성장시키고 발전을 거듭하면서 결실을 맺게 되는 것이다.

[상생도]

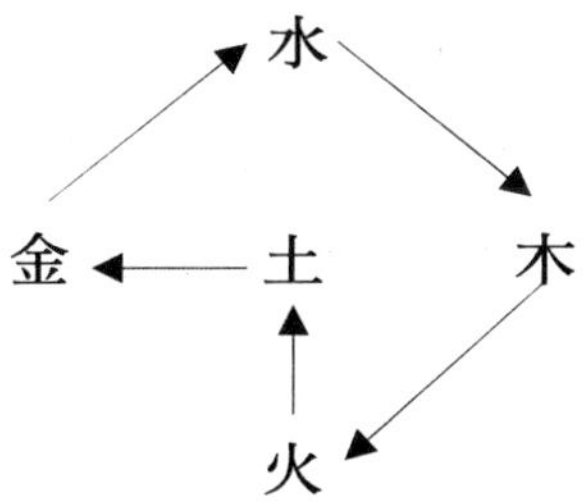

상생(相生)
수생목(水生木) : 물은 나무를 키우고
목생화(木生火) : 나무는 불을 태우게 하고
화생토(火生土) : 불이 타면 땅이 거칠어지고
토생금(土生金) : 쇠는 땅속에서 나오고
금생수(金生水) : 쇠가 녹으면 물이 되며 쇠는 물을 배설한다.

① 수생목(水生木)

물은 나무에게 있어서 없어서는 안 될 중요한 영양소이다. 하지만 물이 지나치게 많으면 나무가 물에 뜨고 썩어버린다. 물은 지상의 나무에게 영양분을 주어서 생명을 자라게 해준다.

② 목생화(木生火)

빛과 열을 얻을 수 있는 전형적인 재료가 나무이다. 나무는 불을 태우게 되는데, 나무가 지나치게 많으면 불이 꺼지게 되고, 반대로 나무가 적고 불이 지나치게 많은 것을 꺼린다.

③ 화생토(火生土)

불이 타고 나면 재가 남게 된다. 그 재가 쌓여서 대지를 덮으면 땅이 기름지게 된다. 또한 열은 대지를 데운다. 그러나 불이 지나치게 많으면 땅이 갈라지므로 火가 왕왕함을 꺼린다.

④ 토생금(土生金)

대지가 굳으면 땅 속에서 쇠가 된다. 흙 속에는 많은 광물자원이 내장되어 있다. 그러나 쇠가 지나치게 많으면 흙은 매우 약해진다. 그러므로 土는 金이 너무 많은 것을 꺼린다.

⑤ **금생수(金生水)**

가을이 되면 만물은 열매를 맺게 되고 열매는 무르익게 된다. 그리고 水를 가지게 된다. 쇠가 녹으면 물이 되고 쇠가 지나치게 많으면 물을 배설하지 못하고 잠겨진다.

그리고 金이 水를 너무나 많이 배설을 하게 되면 오히려 水에 의해서 金은 물에 잠기게 되는 것이다.

상극(相剋)의 뜻

오행에서 상극이란 서로 대립하고 부딪치고 한쪽이 파괴하고 누른다는 뜻이다. 성장과 팽창, 발전의 이면에는 억제하고 정지하는 작용이 필요하다. 그러므로 상극이라 해서 반드시 나쁜 것은 아니다. 오행이 너무나 왕성하면 극(剋)을 하므로 정지작용을 필요로 하는 것이다.

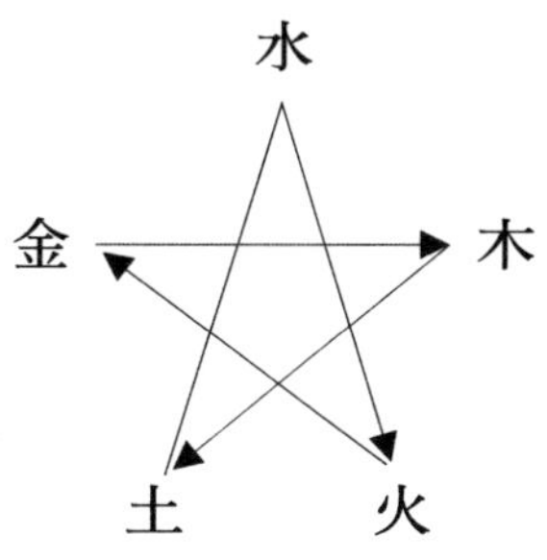

[상극도]

상극(相剋)	
수극화(水剋火)	물이 강하면 불은 물에 의해서 꺼져 버린다.
화극금(火剋金)	불이 강하면 쇠는 불에 의해서 녹는다.
금극목(金剋木)	쇠가 강하면 나무는 쇠에 의해서 베어진다.
목극토(木剋土)	나무가 강하면 흙이 나무에 의해서 영양분이 파괴된다.
토극수(土剋水)	흙이 강하면 물은 흙 속에 스며들게 된다.

십간(十干)으로 보는 성질과 특성

십간이란 음양을 10단계로 나누어 변화하는 과정을 나타낸 것이다. 천체의 움직임을 음양과 오행으로 표시한다. 십간에서는 양 안에 음이 있고 음 안에 양이 있게 되어서 음양(陰陽)의 조화를 꾀하게 되는 것이다.

■ 양간(陽干)과 음간(陰干)의 특성

양간	활동적, 공격적, 직선적, 지배적, 적극적
음간	방어적, 이성적, 곡선적, 소극적, 정적

갑목(甲木)

甲木은 木 중에서도 양목(陽木)으로서 울창한 숲을 지배하는 삼림 속의 거목과 같다. 군자지풍이 있고 인자하고 자존심이 강하고 독선적인 성격이다. 스스로 성장하기 위해 주위의 시선 따위는 아랑곳하지 않고 오직 출세를 위해 노력한다.

甲木은 동쪽 방향으로서 木氣에 속하는 기운은 해독작용과 소생시키는 작용을 한다. 잡초와 푸른색의 녹차나 신선한 야채 등은 이에 속한다. 사주 내에 木이 있으면 일반적으로는 당당하고 머리가 좋아서 리더십이 강하고 민첩한 행동을 보인다. 木은 인체에서 간담에 해당되므로 간이 나쁘면 화를 잘 내고 눈빛은 노랗게 된다.

을목(乙木)

乙木은 木중에서도 음목(陰木)으로서 초목을 말하므로 甲木과는 음양이 다르다. 乙木은 음이기에 내성적이고 고집이 세며 끈기와 자존심이 강하다. 甲木에 비해서 쉽게 흔들리는 약점을 가지고 있다.

사주 내에서 乙木이 있으면 木은 간담을 나타내므로 간에 이상이 오면 피로하여 변화를 싫어하며 경계심이 많아진다. 신경질적이며 자신만을 생각하고 늘 긴장된 상태로서 한숨을 자주 쉬게 된다.

金 운이 오게 되면 시끄러운 일이 자주 생기고 열심히 뛰어다녀야 겨우 재물을 모을 수 있다. 乙木이 강할 때는 金으로 극하는 것보다 火로 설기함을 더욱 좋아한다. 水는 수생목(水生木)으로 기운을 얻을 수 있어서 좋아한다.

병화(丙火)

丙火는 양화(陽火)로서 남쪽 방향에 위치하며 여름계절에 해당한다. 태양과 지구 사이가 가까워진 계절이다. 丙火는 두려움이 없고 맹렬한 기세를 간직하고 있다. 열이 많으므로 산천에 활기를 북돋아주고 인정미가 흐른다.

적극적이며 추진력이 있으며 열정적이다. 火는 소장에 속하는데, 심장과 소장이 건강을 잃게 되면, 어깨가 기울고 실천력과 재치가 떨어진다. 성질이 급해서 계획의 변동이 많고, 자기주장이 강해서 때로는 독불장군처럼 행동한다.

양(陽)에 속하므로 자기 자신을 거르고 다른 오행으로 종하기 싫어하므로 丙일에 태어난 사람은 한두 개의 木이나 火의 세력에 도움을 받으면 좋다. 丙火가 천간에 2개 이상 있으면 丙火의 특성이 더욱 강하게 작용한다.

정화(丁火)

丁火는 음화(陰火)로서 용광로나 화롯불 같은 작은 불이다. 火의 기운을 북돋울 수 있는 木 운이나 火를 좋아한다. 丁火는 인체에서 심장과 소장에 나타난다. 심장이 건강할 때는 정열을 가지고 있어서 탐구심이 강하고 정이 많고 머리가 좋으며 총명하다. 일에 있어서 추진력이 강하며 사교적이다. 그러나 심장이 나빠지거나 병이 오면 일에 대한 열성이 부족하고 감정에 기복이 많아 불안감을 느끼게 된다. 조그만 일에도 신경을 잘 쓰고 놀라는 일도 많게 된다. 丁火가 약한 경우에는 甲木이나 卯木으로 도움을 받을 수 있다.

무토(戊土)

戊土는 방위로는 중앙의 土로서 계절은 사계에 걸쳐 있다. 戊土는 양토(陽土)로서 만물의 조화작용을 하게 된다. 바윗돌이나 산처럼 큰 土를 말하며 만물의 생활터전이라 할 수 있다.

土 중에서도 양(陽)의 성질을 띠고 있는 것이 戊土이며, 성정은 협동과 믿음의 조화를 좋아하고, 오장육부에서 위장과 비장에 해당하므로 위장과 비장이 나쁘면 믿음이 약해져 의심이 많고 소화기능이 약해져 소화불량에 시달린다. 신의를 지키나 고지식한 면이 많다. 戊土는 여러 가지로 辰戌丑未의 土와 관계가 깊다.

기토(己土)

己土는 음토(陰土)로서 약간의 습기를 가지고 있어 성격은 戊土보다는 융통성이 있는 편이다.

戊土가 산이라면 己土는 논이나 밭이라고 할 수 있다. 오장육부에서 위장과 비장에 해당하고, 위장과 비장이 좋으면 생각이 바르고 성실하며 어려운 상황도 잘 모면할 수 있다.

그러나 비장이 좋지 않게 되면 언행이 가볍고, 거짓을 좋아하고, 남을 깔보거나 멸시하는 태도를 보이기도 한다. 신약일 경우 가난과 질병에 시달리고, 너무 많은 木에게 극을 당하거나 많은 水를 만나면 己土의 구실을 제대로 할 수 없게 된다. 그러므로 기운을 생해 줄 수 있는 丙火나 戊己土의 오행을 만나면 흉을 면할 수 있다.

경금(庚金)

庚金은 양금(陽金)으로서 계절로는 가을이다. 찬서리가 내리고 낙엽이 지는 계절이다. 金의 기운은 차고 냉랭한 면에서 약점이 있다. 그래서 丁火의 극을 받음으로써 온기를 되찾게 된다. 庚金은 己土와 丁火를 만나는 것을 좋아한다. 庚金의 가장 특징적인 것은 양금이면서 음금의 성질이므로 내면적인 욕구를 표출하는 것을 싫어하는 성질이 있다.

金은 인체에서 폐와 대장에 해당된다. 인체에서 폐와 대장이 나빠지게 되면 호흡이 곤란하고 피부가 거칠어지고 감기에 걸리기 쉽다.

신금(辛金)

辛金은 음금(陰金)으로서 단단한 세공품이나 보석류 같은 작은 금속을 의미한다. 辛金은 경금(庚金)에 비해서 약해 보이나 곧은 성정을 가지고 있다. 판단이 이성적이고 위엄이 있다. 辛金은 火를 두려워하나 불을 보아야 물질이 탄생을 하게 된다. 너무 많은 木을 보면 木을 극하는데 오히려 힘이 약해져 쓸모없는 金이 되기도 한다.

그래서 辛金은 신약하지 않아야 하므로 한두 개의 金이나 戊己의 土가 있는 것이 좋다. 인체에서 金은 폐와 대장에 해당된다. 폐가 건강을 잃으면 얼굴이 창백해지고 패기가 없어지고 판단력이 흐려지며 의기소침해지기 쉽다. 金에 병이 오면 망설임이 많아지고 감기에 걸리기 쉽고 기침이 자주 나온다. 金은 매운맛에 속하기 때문에 폐가 약하면 매운나는 것을 적당히 먹으면 좋다.

임수(壬水)

壬水는 양수(陽水)에 해당하고 북쪽의 방위이다. 계절은 겨울이고 강이나 바다처럼 큰 물을 의미한다. 바다는 넓고도 깊은 성질이 있어서 사주 내에 壬水가 있으면 그 사람의 마음을 알 수가 없다. 그래서 일간에 壬水를 타고나면 남이 보기에는 알 수 없는 사람으로 오인받을 수 있지만, 지혜가 많고 선행을 베풀며 인자한 모습을 간직하고 있다. 그리고 순발력과 포용력으로 주위 사람들과 잘 어울릴 수 있다. 水는 인체에서 신장과 방광에 해당된다. 水는 응고작용을 하므로 신장병에 걸리게 되면 입술이 오그라지고 다리 등을 오므리고 자는 습관이 있다. 신장과 방광이 건강을 잃으면 소극적인 면을 보이고, 소변을 잘 참지 못하며, 따지기를 잘하고, 융통성이 흐릿해져서 앞뒤 가리지 않고 대충 해치워버리는 경향이 있다. 壬水가 강하면 타 간에 재앙을 주게 된다. 壬水는 甲木, 乙木의 설기를 당해도 약해지지 않는 성질이 있으며, 丙火나 戊土의 상극을 만나도 약해지는 일이 드물다.

계수(癸水)

癸水는 우로지수(雨露之水)로 음수에 속한다. 시냇물, 빗물, 실개천과 옹달샘 같은 작은 물에 속하며, 생명과 밀접한 관계를 가지고 있다. 癸水의 물은 살얼음을 뜻하기도 하며, 물 속을 알 수가 없기 때문에 癸水의 일주를 가진 사람은 신비스러워 보이기도 하고 생각이 깊고 비밀이 많다.

癸水의 성격은 매우 섬세하고 꼼꼼하며, 손재주가 능하여 예능 방면에 소질이 다분하다. 물의 속성은 고이면 썩는다. 그러므로 유동적인 활동이 필요하다. 색은 검은색이므로 水의 날에 태어났거나 水가 많으면 얼굴색이 검다. 水는 신장과 방광에 해당하고 癸水도 이에 해당된다. 신장이 건강하지 않으면 얼굴이 붉고, 건망증이 심해지고 불안하고 끈기가 없으며 눈동자는 총기가 약하다. 안정감이 없으므로 집중력과 실천력이 떨어져 내성적이며, 소극적으로 변하게 된다. 癸水는 土의 왕왕함은 좋지 않고 태왕한 火氣를 만나면 운기가 쇠퇴한다.

천간합(天干合)

甲·乙·丙·丁·戊·己·庚·辛·壬·癸의 십간은 만나서 합(合)이 되는 경우도 있고, 충(沖)이 되는 경우도 있다. 음양은 서로 짝을 이루는 것을 좋아하므로, 십간을 순서대로 반으로 나누면 甲과 己가 첫째로 합이 되고, 乙과 庚이 두 번째로 합이 되고, 丙辛…丁壬 이렇게 순서대로 합이 이루어지게 된다.

甲己가 합하여 土가 되고, 乙庚이 합하여 金이 되고, 丙辛이 합하여 水가 되고, 丁壬이 합하여 木이 되고, 戊癸가 합하여 火가 된다.

짝을 이루어 한 쌍이 되었다 하여 무조건 좋은 것은 아니다. 합을 해도 서로가 좋아하지 않으면 소용이 없어서, 합을 해서 좋은 것도 있고, 합을 해서 나쁜 것도 있다는 것이다.

합의 성질은 사주 내에서 나란히 붙어있게 되면 매우 강하고, 붙어있지 않고 중간에 건너 있으면 그 작용은 약해진다.

甲木과 己土가 각각 자신의 뿌리를 갖고 있다거나 甲木이 水의 생을 받는다면 왕하게 되어서 土로 변해야 할 필요를 못 느끼므로, 이 때에는 합으로 변화하지 않게 된다.

그리고 동일한 간합(干合)이 있을 경우에는 문제가 더욱 심각해질 수 있다. 하나의 합(合)외에 똑같은 합이 또 있다면 남녀관계가 복잡하며 불필요한 사람들과 어울리게 되면서 원성을 사게 되는 것과 같은 경우이다. 이것은 합이라도 좋지 않은 경우이다. 간지력에서 볼 때 1년을 12개월로 해서 60개월, 5년 주기로 일순환을 이루게 되는데, 5년 후에 甲에서 己土와 합이 된다.

[천간합]

간 합	오 행	합의 성격
갑기(甲己)	토(土)	중정지합(中正之合)
을경(乙庚)	금(金)	인의지합(仁義之合)
병신(丙辛)	수(水)	위엄지합(威儼之合)
정임(丁壬)	목(木)	인수지합(仁壽之合)
무계(戊癸)	화(火)	무정지합(無情之合)

甲과 己가 만나면 합이 되어 土로 변한다.

乙과 庚이 만나면 합이 되어 金으로 변한다.

丙과 辛이 만나면 합이 되어 水로 변한다.

丁과 壬이 만나면 합이 되어 木으로 변한다.

戊와 癸는 중성으로서 만나도 합이 되지 않는다.

천간충(天干沖)

천간에 충은 甲에서부터 7번째 오행인 庚과 충이 된다하여 칠충이라 하게 된다. 甲庚 충, 乙辛 충, 丙壬 충, 丁癸 충이 된다. 음간은 음간대로 양간은 양간대로 만나며, 오행생극법상 상극이 되면 간충(干沖)이 된다. 간합(干合)은 조화와 타협의 명이라면 간충은 충돌하는 명이라 할 수 있다. 일간과 충이 되면 그 작용이 더욱 크게 미친다.

[천간충]

오행	음양	상극
갑경(甲庚)	양목(陽木)	금극목(金剋木)
	양금(陽金)	
을신(乙辛)	음목(陰木)	금극목(金剋木)
	음금(陰金)	
병임(丙壬)	양화(陽火)	수극화(水剋火)
	양수(陽水)	
정계(丁癸)	음화(陰火)	수극화(水剋火)
	음수(陰水)	
무기(戊己)	양토(陽土)	충이 되지 않는다.
	음토(陰土)	

甲과 庚이 만나면 충이 되어 둘 다 깨진다.

乙과 辛이 만나면 충이 되어 둘 다 깨진다.

丙과 壬이 만나면 충이 되어 둘 다 깨진다.

丁과 癸가 만나면 충이 되어 둘 다 깨진다.

戊와 己는 만나도 중성으로 충이 되지 않는다.

십이지지(十二地支)의 종류와 특성

천간(天干)은 천계(天界)의 기(氣)의 특성을 오행으로 나타내고, 지지(地支)는 지상의 변화를 12동물로 표현하여 인간의 삶에 정신적인 특성을 비유하여 나타낸 것을 십이지지라 일컫는다.

쥐띠 · 자(子)

子年 또는 子日生은 육십갑자에서 다음과 같은 성격을 지닌다. 甲子, 丙子, 戊子, 庚子, 壬子生이 모두 子년에 속한다. 쥐의 성격은 활달하여 집안에 있기를 싫어하고 밖으로 나다니기를 좋아한다. 특히 쥐의 특성은 번식력이 강하고, 의심이 많고, 잘 놀래는 기질이 있다. 子일생은 자녀와의 정이 깊고 잔정이 많아서 손해를 입기도 하고, 민첩하고 예민하나 유혹에 약하다. 사회적 물정에 어둡고 고상한 정신을 가지게 되고, 천부적인 재능이나 재치가 많고, 자존심이 강하다. 주색잡기에 능하고, 직업으로는 유흥업이나 예술·연예 분야가 많다.

소띠 · 축(丑)

丑은 육십갑자에서 乙丑, 丁丑, 己丑, 辛丑, 癸丑生이 모두 소띠에 해당된다. 소띠는 대개 몸이 무겁고 신경통, 관절염 등이 있으며, 분주하게 움직여서 재물을 모으게 된다. 초년에는 대체로 조실부모하거나 질병에 시달리고, 고향을 떠나 타향살이를 하게 되는 경우가 많다. 인덕은 없는 편이고, 부부 간에 애정이 깊지 못하다. 그러나 이것은 사주 구성에 따라서 달라지는 경우이다. 소는 우직하고 정직하며 참을성이 있고 술수를 모르므로, 丑일생에 태어난 사람은 충실하게 살아가는 경우가 많다. 그러나 소의 특성을 한정되게 규정하기보다는 적극적인 활동으로 더욱 확장을 할 필요가 있는 것이다.

호랑이띠 · 인(寅)

범띠생은 육십갑자에서 丙寅, 戊寅, 庚寅, 壬寅, 甲寅생이 모두 寅년생이다. 寅木은 木 중에서도 양목에 해당하며 음력 정월(正月)이 木이다.

소한과 대한을 지나고 입춘을 지나게 되는 寅월에는 양기(陽氣)가 지표에서부터 생겨서 초목이 싹을 틔우게 되므로 寅시는 하루 중 음기가 가장 강한 때를 지나서 양(陽)의 길로 들어서는 순간이다. 사람이 살 수 있는 집의 가상을 양택(陽宅)이라 하고 묘(墓)자리를 음택(陰宅)이라고 하듯이, 생명은 양의 성질을 띠고 있어야 생명이 움틀 수가 있고, 생명이 없음은 죽음에 속한다 하여 음(陰)적인 것으로 보는 것이다. 호랑이는 동물 중에서도 가장 용맹스러운 기상을 가지고 있다. 사주 속에 寅이 여러 개 있으면 스님, 철학가, 목사 등 종교적인 직업을 갖는 경우가 많은데, 호랑이의 영험한 기운 때문이 아닐까 생각된다. 대체로 운세가 왕성한 편이고 지도자적인 기질과 용기와 추진력이 있어서 사업이나 관직의 운이 따르기도 한다. 성격은 외향적이고 의협심이 강해서 남을 잘 도와주려 한다. 寅일생에게 酉년이나 酉월이 오게되면 해외여행이나 출장 등으로 분망하여 주위 사람들과 멀어질 수 있으므로 조심하는 것이 좋다.

토끼띠 · 묘(卯)

卯는 육십갑자에서 丁卯, 己卯, 辛卯, 癸卯, 乙卯생이 모두 卯년생이 된다. 활동력이 많아서 사방팔방으로 돌아다니길 좋아한다. 한 곳에 정착하기 힘들고 변동이 많다. 하지만 일정한 기간 내에서도 자기 영역은 확보한다. 본심이 모질지 못하여 인정을 베풀기도 한다. 인덕은 없어서 부모나 형제, 친구들의 도움을 받기가 쉽지 않다. 생각이 꾸준하지 못해 심리적으로 불안감이 많아서 매사에 용두사미로 일을 처리할 수 있다. 토끼의 속성은 온화하고 재치가 있다. 그러나 유행과 사치로서 돈쓰기를 좋아하고 이성의 유혹에 잘 넘어가는 속성이 있다.

음목(陰木)인 卯는 계절로는 봄으로, 음력 2월이 해당하는 卯월에는 봄의 기운이 감도는 시기다. 만물이 생장 번창하는 시기에 속한다.

卯일생에게 申년이나 申월이 오면 심신이 불안하고 동분서주하게 되며, 관재구설수 등이 생기게 된다. 토끼띠는 세속에 파묻혀 골치를 썩이며 살아가는 것보다 힘든 현실을 떠나 평온한 생활을 영위해 나가려는 소망을 가지고 있다.

용띠 · 진(辰)

육십갑자에서 戊辰, 庚辰, 壬辰, 甲辰, 丙辰생이 모두 용띠에 속하며 육십갑자에서 순행하게 된다. 辰土는 계절로는 봄이며 양토(陽土)이고 음력 3월에 해당한다. 지혜와 포부가 크고 노력형으로 매사에 활동적이다. 辰년생은 자존심과 고집이 매우 세며, 신앙심이 깊은 편이다. 용은 실제 용이 아니라 상상의 용이기 때문에 상상이나 공상이 많고 허구심에 사로잡히기 쉽다.

辰土는 수고(水庫)가 되어서 아직 메마르지 않는 물기를 머금은 흙으로 옥토라 볼 수 있다. 따라서 辰土에 나무를 심으면 곧고 바르게 자랄 수 있게 된다. 모험심이 강하여 투기성이 있는 일에 잘 빠지게 되어 곤경에 처하기도 한다.

辰일생에게 亥년이나 亥월이 오게 되면 사고로 몸에 흉터를 남길 수가 있고, 여성은 부인과 병이 발생할 수 있다. 辰일생에게 戌년이나 戌월이 오면 남에게 배신당하거나 이성 간에 문제가 발생하는 경우도 있게 된다.

뱀띠 · 사(巳)

육십갑자에서 己巳, 辛巳, 癸巳, 乙巳, 丁巳생이 모두 뱀띠이며, 성품이 고상하고 용모가 단정하여 미색에 속한다. 정직하고 학문을 일찍 하게 되면 이름을 떨칠 수 있다.

대인관계는 그다지 넓지 못하여 부지런히 혼자서 움직이게 된다. 뱀은 용모가 아름다워 주위로부터 유혹의 손길이 많고, 다소 변태적이고 권태감을 빨리 느껴 이성관계가 복잡해질 수 있다. 의심이 많아서 사람에 대한 신뢰가 적으며,

지략과 권모술수가 뛰어나다. 뱀은 火氣가 있어야 활동을 할 수 있으므로 찬 기운을 매우 꺼린다. 음화인 巳는 음력 절기로 입하 이후 4월에 해당한다.

巳일생에게 戌년이나 戌월이 오면 부부간에 문제가 발생하기 쉬우며, 巳일생에게 亥년이나 亥월이 오면 이별 운이 있고, 동분서주하게 되며, 돌발사고 등을 조심해야 한다.

말띠 · 오(午)

육십갑자에서 庚午, 壬午, 甲午, 丙午, 戊午생이 모두 말띠에 속하며 육십갑자에서 순행하게 된다. 午火는 양화(陽火)이고 음력 5월이다. 절기로는 망종을 지나야 한다. 말은 활동적인 동물로서 午火는 후끈후끈 달아오르는 열기와 큰 불을 뜻한다. 午년에 태어난 사람은 활동력이 매우 강하고 독립심이 있어서 주변의 신임을 얻게 된다. 예부터 말띠는 팔자가 세다는 말이 있듯이 午火는 드센 경향이 있다. 현대사회에서는 여성의 사회활동성이 왕성하여 대체로 성공의 가능성이 높다. 외모에 대한 관심이 높고 연애에 있어서는 다혈질의 성향이 있어서 이성 간에 갈등이 있다. 직업은 유흥업이나 숙박호텔업 또는 외교관 등으로 활동하는 직업이 좋다.

午년생은 솔직한 반면, 사람을 잘 믿지 못하는 경향이 있으므로 폭넓은 사교로 대인관계를 잘 유지한다면 큰 사업에 무리가 없다.

午일생에게 子년이나 子월이 되면 관재구설수가 생기거나 이별수가 있다. 午일생에게 丑년이나 丑월이 오면 건강을 해칠 염려가 있으므로 조심하는 것이 좋다.

양띠 · 미(未)

육십갑자에서 辛未, 癸未, 乙未, 丁未, 己未생이 모두 양띠에 속하며 육십갑자에서 순행하게 된다. 未土는 메마른 土로서 음토(陰土)에 속하고 음력으로 6월에 해당한다. 1년 중 가장 더운 소서를 지나 삼복더위에 속한다.

대체로 양띠는 순하고 은혜를 아는 동물로 여겨진다. 양띠는 성격이 온화하고 동정심이 많다. 분주다사해야 재물이 쌓이고 역마의 성격이 강해 이사 변동 등이 심하고, 온순한 성격 때문에 복잡한 일에서는 미리 포기하는 습성이 있다.

많은 사람과 사귀어야 출세가 빠르고, 어릴 때부터 고향을 떠나 객지에서 자수성가할 수 있는 운이다. 양은 순하여 남을 해칠 줄 모르고 희생정신이 강하다.

未일생에게 子년이나 子월이 되면 이별수가 있고, 망신을 당하거나 이성문제로 고민하게 되며, 건강이 나빠질 수 있다. 未일생에게 丑년이나 丑월이 오면 관재구설수나 각종 시비거리를 피하는 것이 현명하다.

원숭이띠 · 신(申)

육십갑자에서 壬申, 甲申, 丙申, 戊申, 庚申이 모두 원숭이띠에 속하며 육십갑자에서 순행하게 된다. 申金은 양금(陽金)으로 음력 7월에 해당한다. 입추 절기에 申金은 아침 저녁으로 찬바람이 불기 시작한다.

申년생은 타향에서 자수성가하는 운이다. 여러 사람과 교제가 많으나 수심이 많다. 申년생은 손재주도 있고 예술방면에 능하며, 지혜가 있고 임기응변에 능하고 순발력과 분별력이 뛰어나다.

승부욕이 강해서 주변 사람들을 누르고 성공하려고 할 때도 있으며, 재물 운도 따르게 된다. 감정의 기복이 심해서 잘 조절하며 지내는 것이 좋으며, 특히 이성관계에 있어서 그러하다.

申일생은 寅년이나 寅월이 오면 관재구설수와 이별수가 많고, 申일생은 卯년이나 卯월이 오면 가정불화, 이성문제로 고민하게 된다.

닭띠 · 유(酉)

육십갑자에서 癸酉, 乙酉, 丁酉, 己酉, 辛酉生이 모두 닭띠에 속하며 육십갑자에서 순행하게 된다. 酉金은 음금(陰金)으로 가을의 시작인 8월을 뜻하고 음금은 순수한 金의 성질이다.

닭의 속성이 강한 사람은 이기적이고 속박을 싫어하고 시비나 불화를 잘 일으킨다. 큰 소리를 내는 특성이 있기에 소리를 내는 일의 직업이 좋다. 천성적인 목성을 가지고 있기에 예를 들면 전화교환수나 성우, 아나운서나 가수 등이 이에 해당된다.

닭띠 생은 어릴 때 신병에 시달려 보기도 하고, 종교적으로 깊이 심취해서 신과 대화하는 능력이 가장 뛰어나다하여 철학자나 역학자, 무당, 초능력자, 스님 등이 많다.

酉일생은 卯년 卯월이 되면 각종 충돌과 시비거리가 생기며 가정불화 등 관재구설수가 있을 수 있다. 酉일생은 寅년이나 寅월이 오면 남의 일로 인해 피해를 보게 되고, 배신당하거나 직장이동 또는 이별수가 있다.

개띠 · 술(戌)

육십갑자에서 甲戌, 丙戌, 戊戌, 庚戌, 壬戌生이 모두 戌년생 개띠에 해당된다. 戊土는 양토(陽土)를 말하고 절기로는 한로를 지나 음력 9월에 해당한다.

개띠생은 충직하고 사회적인 질서를 유지하는 직업에 어울린다. 초년기에는 열심히 뛰어다니는 직업에 종사하면서 분주다사하여 재물 운이 따르고 성공 운이 있다. 여자가 개띠라면 팔자가 드세다 하여 일찍 결혼을 하게 되면 좋지 않고, 개띠끼리 부부로 지내면 자식 운이 미약해서 자식 때문에 고생하게 된다.

남자는 색욕을 밝히고 정력이 강한 편이고 자존심이 강하다. 예술, 기술 방면으로 소질이 있어서 성실히 노력하면 큰 부자가 되기도 한다.

戌일생에게 辰년이나 辰월이 오면 이성관계가 복잡해진다. 돈 문제로 남에게 이용당하거나 어려움을 겪게 된다. 戌일생에게 巳년이나 巳월이 오게 되면 몸에 흉터를 남길 수 있고 특히 비뇨기과 쪽으로 건강을 해칠 수가 있으므로 조심하는 것이 좋다.

돼지띠 · 해(亥)

육십갑자에서 乙亥, 丁亥, 己亥, 辛亥, 癸亥生이 모두 돼지띠에 해당한다. 亥는 음수(陰水)에 해당하고 음력 10월이 되면 입동절기를 지나면서 곧 추위를 맞게 된다.

亥 속에는 흙도 있고 나무도 있어서 亥는 행운과 재물을 상징하므로 금전융통을 잘할 수 있다. 물질적으로 욕심이 많지 않고 단순하고 충실하며, 여러 사람을 거느리고 남을 부양해야 될 일이 생긴다. 특히 돼지는 먹성이 좋아서 식욕이 왕성하고 건강한 체질이다. 그리고 돼지는 번식력이 강해서 亥일이나 亥시에 태어난 사람은 형제가 많다.

그러나 亥일생에게 辰년이나 辰월이 오면 윗사람과의 이별수가 있고 얼굴 부위에 흉터를 남길 수 있고 상처를 입는다.

亥일생에게 巳년이나 巳월이 오면 이별수가 있으며, 사건사고 등 각종 시비에 휘말릴 수 있으며, 각종 충돌이나 관재구설수를 조심해야 한다.

육십갑자(六十甲子)

육십갑자란 십간 즉 甲, 乙, 丙, 丁, 戊, 己, 庚, 辛, 壬, 癸와 12지지의 子, 丑, 寅, 卯, 辰, 巳, 午, 未, 申, 酉, 戌, 亥를 차례대로 붙여 나가다가 60번째에 이르러 육십갑자라 부르고 다시 甲子가 돌아오게 되는데, 이 61번째가 돌아오게 되면 환갑(環甲) 즉 일갑(一甲)이라고 하여 잔치를 벌이기도 하는 것이다. 그러므로 61번째의 천간과 지지가 만나는 해를 말한다.

이 육십갑자를 맞추어 나가는 데에는 천간의 양과 지지의 양이 서로 만나고 천간의 음과 지지의 음이 같이 만나게 되는 것이다.

그리하여 甲子, 乙丑, 丙寅, 丁卯, 戊辰, 己巳, 庚午, 辛未, 壬申, 癸酉 … 이렇게 육십갑자에 이르기까지는 천간은 열 개이므로 여섯 번이 들어가게 되고 지지는 12개이므로 다섯 번이 들어가게 됨으로써 육십갑자를 완성하게 되는 것이다.

[육십갑자 조견표]

甲子	乙丑	丙寅	丁卯	戊辰	己巳	庚午	辛未	壬申	癸酉
갑자	을축	병인	정묘	무진	기사	경오	신미	임신	계유
甲戌	乙亥	丙子	丁丑	戊寅	己卯	庚辰	辛巳	壬午	癸未
갑술	을해	병자	정축	무인	기묘	경진	신사	임오	계미
甲申	乙酉	丙戌	丁亥	戊子	己丑	庚寅	辛卯	壬辰	癸巳
갑신	을유	병술	정해	무자	기축	경인	신묘	임진	계사
甲午	乙未	丙申	丁酉	戊戌	己亥	庚子	辛丑	壬寅	癸卯
갑오	을미	병신	정유	무술	기해	경자	신축	임인	계묘
甲辰	乙巳	丙午	丁未	戊申	己酉	庚戌	辛亥	壬子	癸丑
갑진	을사	병오	정미	무신	기유	경술	신해	임자	계축
甲寅	乙卯	丙辰	丁巳	戊午	己未	庚申	辛酉	壬戌	癸亥
갑인	을묘	병진	정사	무오	기미	경신	신유	임술	계해

사주 명식 뽑는 법

[사주 명식표]

시주	일주	월주	년주
●	●	●	●
●	●	●	●
자손 궁	본인 궁	부모 궁	조상 궁
장년기	중년기	청년기	초년기
61~80세	41~60세	21~40세	1~20세

· · 년주(年柱) 정하는 법

출생한 해의 간지(干支)가 바로 년주가 된다. 1972년에 태어난 사람이라면 만세력에서 찾아보면 壬子가 된다. 사주에서는 해가 바뀌는 기준이 입춘절부터이다. 가령, 출생일이 음력 1월 10일일지라도 입춘이 지나지 않았으면 전년도의 12월 간지로 보아 辛亥가 된다. 년주는 첫머리로서 뿌리와 근본태세를 말하며, 가족관계 육친으로 볼 때에는 조부 내지는 조상, 선산(先山)을 말하고 인생에서 초년 운에 해당하고, 초년에 학업 운과 성장과정에서의 질병과, 길흉을 알 수 있다.

월주(月柱) 정하는 법

월주를 정하는데 있어서 절기(節氣)로 보아 만세력에서 뽑는 것이 중요하다. 월주를 찾는 법은 월주기준표에 의해서 찾는 것이다. 매월은 그달의 절입(節入)부터 완전한 힘을 갖게 되는데, 월주의 기준은 윤달이 있다면 원칙적으로 명식의 작성과 아무런 관계를 하지 않는다. 월주는 부모 궁을 나타내므로 사주 판별법에서 중요한 역할을 하게 된다. 월주를 월건(月建) 또는 묘간(苗幹)이라고도 한다.

[월건 세우기]

절기	입춘	경칩	청명	입하	망종	소서	입추	백로	한로	입동	대설	소한
월 / 년	1월	2월	3월	4월	5월	6월	7월	8월	9월	10월	11월	12월
甲己年	丙寅	丁卯	戊辰	己巳	庚午	辛未	壬申	癸酉	甲戌	乙亥	丙子	丁丑
乙庚年	戊寅	己卯	庚辰	辛巳	壬午	癸未	甲申	乙酉	丙戌	丁亥	戊子	己丑
丙辛年	庚寅	辛卯	壬辰	癸巳	甲午	乙未	丙申	丁酉	戊戌	己亥	庚子	辛丑
丁壬年	壬寅	癸卯	甲辰	乙巳	丙午	丁未	戊申	己酉	庚戌	辛亥	壬子	癸丑
戊癸年	甲寅	乙卯	丙辰	丁巳	戊午	己未	庚申	辛酉	壬戌	癸亥	甲子	乙丑

[절기 표]

월 (月)	간지 (干支)	절기 (節氣)	중기 (中期)	사계 (四季)
1월	인(寅)	입춘(立春)	우수(雨水)	
2월	묘(卯)	경칩(驚蟄)	춘분(春分)	춘(春)
3월	진(辰)	청명(淸明)	곡우(穀雨)	
4월	사(巳)	입하(立夏)	소만(小滿)	
5월	오(午)	망종(亡種)	하지(夏至)	하(夏)
6월	미(未)	소서(小暑)	대서(大暑)	
7월	신(申)	입추(立秋)	처서(處暑)	
8월	유(酉)	백로(白露)	추분(秋分)	추(秋)
9월	술(戌)	한로(寒露)	상강(霜降)	
10월	해(亥)	입동(立冬)	소설(小雪)	
11월	자(子)	대설(大雪)	동지(冬至)	동(冬)
12월	축(丑)	소한(小寒)	대한(大寒)	

·· 일주(日柱) 정하는 법

사주를 세울 때 일주를 정하는 법도 제일 먼저 만세력을 이용하여 생일의 간지를 찾아야 한다. 만세력에는 태어난 날짜에 간지가 표시되어 있다. 일주는 본인 궁이고 가족관계, 배우자, 애인, 부하 등에 해당한다. 일간은 본인에 해당이 되고 일지(日支)는 처 궁을 뜻한다. 일주에서 천간과 지지가 음양이 되어서 부부 궁이 되는 것이다. 그래서 사주에서는 일주를 잘 타고나면 좋은 사주가 되는 것이다.

‥ 시주(時柱) 정하는 법

그 날의 일진(日辰)에 따라서 그 사람이 태어난 시간이 시주가 된다. 시주를 보는 법은 子시, 丑시, 寅시…로 보는데, 12지지로 보기 때문에 같은 시가 2시간씩 계산이 된다. 자정을 전후해서 오후 11시부터 새벽 1시가 子시이고 1시부터 3시까지가 丑시 순으로 한다. 다만, 子시만은 11시부터 12시까지가 야자시(野子時), 12시부터 1시까지가 정자시(正子時)로 보고 전자시, 후자시로 부르기도 한다.

시지(時枝)를 찾는 법

지금까지의 사주를 연월일시까지 만세력에서 찾아서 천간과 지지를 세웠는데 시주를 찾아서 볼 줄 알아야 한다. 몇 가지는 알고 있는데 사주에서 막상 세워 보려면 막막할 것이다. 그러나 조견표와 만세력을 보면서 하나하나 집어

보고 연습함으로써 능숙하게 사주를 세울 수 있게 된다. 간단히 시간조견표를 보도록 한다.

[시간기준 표]

① 갑기일(甲己日)은 ~ 갑자시두(甲子時頭)
② 을경일(乙庚日)은 ~ 병자시두(丙子時頭)
③ 병신일(丙辛日)은 ~ 무자시두(戊子時頭)
④ 정임일(丁壬日)은 ~ 경자시두(庚子時頭)
⑤ 무계일(戊癸日)은 ~ 임자시두(壬子時頭)

① 일간(日干)이 甲日이나 己日일 경우에는 갑기지일(甲己之日)이다.

② 일간(日干)이 乙日이나 庚日일 경우에는 을경지일(乙庚之日)이다.

③ 일간(日干)이 丙日이나 辛日일 경우에는 병신지일(丙辛之日)이다.

④ 일간(日干)이 丁日이나 壬日일 경우에는 정임지일(丁壬之日)이다.

⑤ 일간(日干)이 戊日이나 癸日일 경우에는 무계지일(戊癸之日)이다.

[시간조견표]

오후11시-오전0시	오후9시-오후11시	오후7시-오후9시	오후5시-오후7시	오후3시-오후5시	오후1시-오후3시	오전11시-오후1시	오전9시-오전11시	오전7시-오전9시	오전5시-오전7시	오전3시-오전5시	오전1시-오전3시	오전0시-오전1시	생시 / 일간
丙子	乙亥	甲戌	癸酉	壬申	辛未	庚午	己巳	戊辰	丁卯	丙寅	乙丑	甲子	甲己日
戊子	丁亥	丙戌	乙酉	甲申	癸未	壬午	辛巳	庚辰	己卯	戊寅	丁丑	丙子	乙庚日
庚子	己亥	戊戌	丁酉	丙申	乙未	甲午	癸巳	壬辰	辛卯	庚寅	己丑	戊子	丙辛日
壬子	辛亥	庚戌	己酉	戊申	丁未	丙午	乙巳	甲辰	癸卯	壬寅	辛丑	庚子	丁壬日
甲子	癸亥	壬戌	辛酉	庚申	己未	戊午	丁巳	丙辰	乙卯	甲寅	癸丑	壬子	戊癸日

야자시(夜子時)와 정자시(正子時)

子時는 야자시와 정자시가 있다. 우리는 하루를 24시간으로 정하고 있다. 그리고 12지지는 한 시를 2시간씩을 정하고 있다.

그렇다면 계산하기 좋게 0시부터 2시간씩을 계산하여 24시간이면 12지지가 딱 들어맞을 텐데, 애매하게 1시부터 시간을 계산하다 보니 밤 11시까지가 亥시가 되는데 문제는 子시부터가 문제다.

오늘 오후 11시부터 내일 오전 1시까지를 子시라고 부르게 된다. 그렇다면 12시가 자정인데 子시는 어제 밤 11시부터 내일 새벽 1시까지이므로 이틀에 걸쳐 있게 된다. 그래서 그렇게 복잡하게 따지지 않고 11시부터 새벽 1시까지를 일괄적으로 子시라고 기술하는 사람도 상당수가 있는 것이 사실이다. 그러나 우리는 배우고 공부를 하는 입장에서는 정확하게 알고 넘어 가자는 것이다.

대부분의 야자시와 정자시를 구분해서 사주를 판독하고 있다. 야자시와 정자시의 경우에 태어난 시가 12시 자정을 지나서 태어났느냐, 전에 태어났느냐에 따라서 천간의 오행이 달라지기 때문이다.

그리고 문제가 되는 것은 시간이 12시 자정 이후라면 일주가 달라져야 하기 때문에 사주를 풀어보는데 상당한 혼돈이 올 수 있다. 그래서 본인이 태어난 시간이 12시 전이라면, 가령 15일인데 12시가 넘었다면 16일이 되어야 하므로 무조건 자(子)시다 라고 해서는 혼돈이 올 수도 있다.

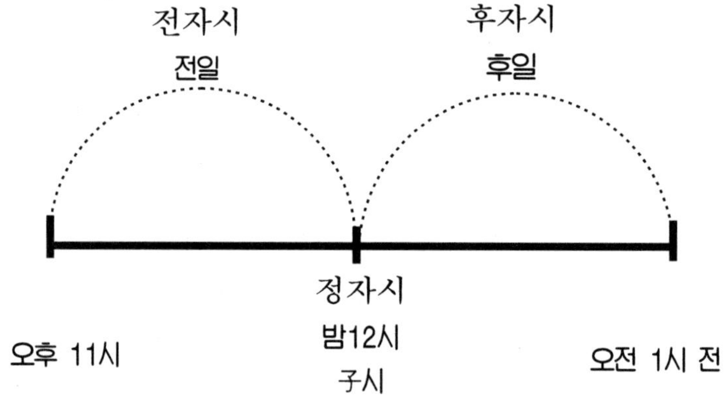

예를 들어서 15일생이 11시 30분이라면 그날 일진이 壬午인데 壬午에 야자시는 壬子이다. 그러나 만약 12시 30분이라면 후자시가 되어서 다음날 일진으로 보아 癸未가 되므로 일주가 바뀌어지는 것이다. 그래서 태어난 시간을 정확하게 알아둘 필요가 있다.

사주 뽑는 법(음력)

• 1969년 1월 4일 오후 卯시 여자

시주	일주	월주	년주	구분
辛 卯	丙 寅	丙 寅	己 酉	사 주
金 木	火 木	火 木	土 金	오 행

※ 기준절기 : 입춘(立春)

생일이 음력 1969년 1월 4일 卯시이다. 만세력으로 보아 그 해의 간지는 己酉년이고 1월의 절기는 입춘에 해당한다. 본인의 생일이 己酉년 1월 4일로서 그 월건 내에 속해 있으므로 월건을 丙寅이라 하였고, 일주는 만세력에서 생일을 찾아보아 丙寅으로 적혀 있으므로 丙寅일이 된다. 시주는 일주를 기준으로 하므로 일주 천간 丙을 기준으로 보면 丙일 卯시이므로 시간조견표를 보아 辛卯시가 된다.

• 1982년 9월 12일 오후 寅시 남자

시주	일주	월주	년주	구분
丙 寅	甲 申	庚 戌	壬 戌	사 주
火 木	木 金	金 土	水 土	오 행

※ 기준절기 : 한로(寒露)

만세력에서 보아 1982년을 찾으면 壬戌년이고 9월의 절기로는 한로(寒露)이다. 만세력에서 8월 23일에서 9월 22일까지 한 달간이다. 본인의 생일이 9월 12일이므로 한로가 8월 30일인데 한로가 지났으므로 그래서 庚戌을 쓰고 일주는 만세력에서 보아 12일이 甲申일이 된다.

그래서 甲申이라고 쓰고 일주 천간이 甲이므로 시지 조견표를 보면 甲일에 寅시이므로 丙寅시가 된다. 따라서 이 사주는 년주가 壬戌, 월주가 庚戌, 일주가 甲申, 시지가 丙寅이다. 그러면 사주팔자를 다 뽑은 것이다.

사주를 왜 사주팔자라 부르는지 이제는 알 수 있을 것이다. 4줄에 8자가 된다는 뜻이 된다.

•1976년 1월 1일 오후 卯시 남자

시주	일주	월주	년주	구분
癸 卯	壬 午	己 丑	乙 卯	사 주
水 木	水 火	土 土	木 木	오 행

※ 기준절기 : 소한(小寒)

이 해는 1월의 절기가 입춘이다. 그런데 입춘이 1월 6일에 들었기 때문에 생일이 아직 입춘에 미치지 못했으므로 입춘의 전년도인 乙卯가 된다(己丑 월건을 써준다). 그래서 이 사주는 乙卯년, 己丑월, 壬午일이 되고 시간은 역시 시간조견표를 보아 일주 천간이 壬이므로 壬일에 卯시이면 癸卯시가 된다. 사주를 세우는 데에는 월건을 세울 때 가장 혼돈하기가 쉽다. 정확히 그 생일날을 기준으로 그 달의 절기가 지났느냐 지나지 않았느냐를 잘 살펴보고, 지났으면 그 달의 월건을 쓰고 지나지 않았으면 그 전달의 월건을 쓰면 되는 것이다.

• 1974년 3월 12일 寅시 여자

시주	일주	월주	년주	구분
戊 寅	乙 亥	丁 卯	甲 寅	사 주
土 木	木 水	火 木	木 木	오 행

※ 기준절기 : 경칩(驚蟄)

만세력에서 1974년을 찾으면 甲寅년이고 3월의 절기로는 청명이다.

본인의 생일이 12일이므로 청명이 지나지 않았으므로 2월달에 속하므로 경칩 월건을 써서 丁卯가 된다. 일주는 만세력에서 3월 12일을 찾아보니 乙亥일이다. 월건을 세울 때에는 그 달에 절기가 지나지 않으면 전달의 월건으로 사용한다.

따라서 乙亥라고 쓰고 일주 천간이 乙이므로 시지 조견표를 보면 乙일 寅시이므로 戊寅시가 된다. 그래서 이 사주는 년주가 甲寅, 월주가 丁卯, 일주가 乙亥, 시지가 戊寅이 된다.

대운 정하는 법

대운이란 지구의 공전에 따라서 변화하는 계절과 같은 것이다. 계절의 변화에 따라 원명이 어떠한 영향을 받는 것인지를 알 수 있다. 본인을 자동차라고 하면 대운은 달리는 길을 의미한다. 자동차가 아무리 좋아도 길이 비포장 길이고 울퉁불퉁해서 좋지 않다면 차가 힘차게 달릴 수 없는 것이다.

사주나 대운이 좋지 않으면 일생 고생만 하는가 하면, 사주는 비록 좋다고 할 수 없으나 대운이 좋게 들어오면 좋은 운명을 맞이하는 결과가 된다.

사주가 좋아도 대운이 나쁘게 들어오면 평생 동안 고생을 하게 되는 것이다. 좋은 운이 어떤 사람에게는 30대에 오고 어떤 사람은 60대에 오기도 하므로 사주팔자에 있어서 이 대운의 시기를 알면 그 사람의 길흉을 예견할 수 있다.

용신의 오행을 보면 발복을 하고 용신의 반대방향인 흉한 운이 오면 불행을 면할 길이 없다. 대운은 누구나 월주를 기준으로 해서 양(陽)년생 남자와 음(陰)년생 여자는 육십갑자가 순행을 하고 음년생 남자와 양년생 여자는 역행을 한다.

예) 양년생 남자는 대운이 순행이다.

• 1960년 7월 28일 酉시 남자

시주	일주	월주	년주	구분
癸 酉	己 酉	乙 酉	庚 子	사 주
水 金	土 金	木 金	金 水	오 행

대 운

77	67	57	47	37	27	17	7
癸	壬	辛	庚	己	戊	丁	丙
巳	辰	卯	寅	丑	子	亥	戌

년주가 양년생인지 음년생인지를 보면 된다. 남자가 庚子생 양년생이므로 대운은 순행한다. 경금(庚金)이 양금(陽金)이기 때문에 남자는 순행하게 된다. 그래서 이 사주는 7월달의 생일인데 8월달의 절기인 백로가 7월 18일에 지나갔으므로 8월달의 월건을 쓰게 된다. 그래서 월주가 乙酉이므로 乙에서 丙戌…丁亥로 써 내려가게 된다.

예) 음년생은 남자는 대운이 역행이다.

● 1957년 10월 8일 巳시 남자

시주	일주	월주	년주	구분
辛 巳	乙 巳	辛 亥	丁 酉	사 주
金 火	木 火	金 水	火 金	오 행

대 운

77	67	57	47	37	27	17	7
癸	甲	乙	丙	丁	戊	己	庚
卯	辰	巳	午	未	申	酉	戌

년주가 양인지 음인지를 보고 년주가 丁은 음으로서 음년생 남자이므로 대운이 역행을 하게 된다. 월주가 辛亥이므로 월주의 辛에서부터 庚…己…戊 이렇게 역행한다. 庚戌…己酉…戊申 이렇게 육십갑자의 수리로 써 내려가게 된다. 그러나 월건은 10월달의 절기인 입동이 9월 17일자로 지나갔기 때문에 10월달 월건인 辛亥로 쓰게 된다.

예) 음년생은 여자는 대운이 순행이다.

• 1973년 4월 5일 寅시 여자

시주	일주	월주	년주	구분
甲 寅	癸 卯	丁 巳	癸(−) 丑(−)	사 주
木 木	水 木	火 火	水 土	오 행

대 운

80	70	60	50	40	30	20	10
乙	甲	癸	壬	辛	庚	己	戊
丑	子	亥	戌	酉	申	未	午

년주가 양인지 음인지를 보면 된다. 여자가 丁卯생 음년생이므로 대운은 순행한다. 丁火가 음화(陰火)이기 때문에 여자는 순행하게 된다. 그래서 월주가 丁巳이므로 丁에서 순행하여 戊午…己未로서 써 내려가게 된다. 그리고 4월달의 절기가 하루전인 4월 4일에 입하가 들었다. 그래서 4월달의 절기인 丁巳가 되는 것이다. 가령 절기가 생일과 같은 날일 수도 있다. 이렇게 되면 만세력에는 몇시 몇분까지 나와있으므로 참고하면 된다.

예) 양년생 여자는 대운이 역행이다.

• 1974년 3월 12일 인시 여자

시주	일주	월주	년주	구분
戊 寅	乙 亥	丁 卯	甲(+) 寅(+)	사 주
土 木	木 水	火 木	木 木	오 행

대 운

79	69	59	49	39	29	19	9
己	庚	辛	壬	癸	甲	乙	丙
未	申	酉	戌	亥	子	丑	寅

년주가 양인지 음인지를 보면 된다. 년주가 甲寅은 양이므로 양년생 여자는 대운이 역행을 하게 된다. 월주가 丁卯이므로 월주의 丁에서부터 반대로 육십갑자를 써내려 가라는 뜻이다. 남자사주의 연간이 甲木의 +이라면 월건이 丁卯이므로 성인 戊亥己巳로 써 내려 가라는 뜻이다. 그런데 이 사주는 여자사주이므로 월건이 丁卯이므로 丙…乙…甲 이렇게 역행한다. 丙寅…乙丑…甲子 이렇게 육십갑자의 수리로 써 내려가게 된다.

입운수 정하는 법

입운수란 대운이 들어오는 나이다. 대운의 나이 즉 입운수가 결정되면 10년간 그 기운이 작용하게 된다. 예를 들어서 대운이 甲子 운이 들어오게 되면 대부분 천간에 甲의 기운이 보통은 5년간 차지하고 지지자가 5년간을 차지한다고 본다.

입운수 계산법

대운의 흐름이 순행인지 역행인지를 먼저 확인한다. 순행(順行)의 경우 생일로부터 다음 절기까지 일수를 계산하여 3으로 나눈다. 여기서 순행과 역행 모두 계산된 날수를 3으로 나누어서 1이 남은 경우에는 그것을 떼어버리고 2가 남은 경우에는 1로서 올림을 하게 된다. 가령 남자가 순행 6月 15日이 생일이라면 6월의 절기는 소서(小暑)이므로 소서가 6月 18日이라면 생일과는 3일 차이가 나므로 이것은 대운의 수가 1이 된다. 그리고 만약 소서가 20일에 있다면 5일 차이가 나므로 5를 3으로 나누면 2가 남게 되어 2를 1로 올림수하여 대운 수는 2가 된다. 그리하면 그 대운의 숫자는 2세에서 12세, 12세에서 22세 순으로 10년간 들어오는 대운을 계산하여 판독하는 것이다.

예) 1980년 7월 18일 남자 대운이 순행일 때

● 1980년 7월 18일 卯시 남자

시주	일주	월주	년주	구분
乙 卯	癸 酉	甲 申	庚 申	사 주
木 木	水 金	木 金	金 金	오 행

※ 기준절기 : 입추(立秋)

대 운

73	63	53	43	33	23	13	3
壬	辛	庚	己	戊	丁	丙	乙
辰	卯	寅	丑	子	亥	戌	酉

남자가 양년생 순행하므로 양년생 남자는 생일로부터 다음 절기까지 순행하여 날수를 계산하여 3으로 나눈다. 나머지 1이 남으면 버리고 2가 남을 경우 반올림하여 대운 수는 4가 된다.

이 사주는 생일로부터 순행이므로 다음 절기인 7월 백로가 7월 28일이다. 7월 18일(생일)로부터 순행하여 세어보니 10일이다. 10일을 3으로 나누면 3이고 1이 남았으므로 1은 떨구어 버린다. 만약 2가 남을 경우에는 반올림하여 4가 된다. 이 사주에 대운 수는 3이 된다.

대운을 계산할 때 월주를 중심으로 해서 육십갑자에 오행을 나열하고 대운 수는 3, 13, 23, 33, … 순으로 그에 해당하는 오행이 각각 10년간을 담당하게 된다.

다음 절기	순행	생일		전 절기
백로	←	7월	—	**입추**
7월 28일		18일		6월 27일

예) 1983년 9월 13일 남자 대운이 역행일 때

• 1983년 9월 13일 亥시 남자

시주	일주	월주	년주	구분
乙 亥	己 卯	壬 戌	癸 亥	사 주
木 水	土 木	水 土	水 水	오 행

※ 기준절기 : 한로(寒露)

대 운 수

73	63	53	43	33	23	13	3
甲	乙	丙	丁	戊	己	庚	辛
寅	卯	辰	巳	午	未	申	酉

다음 절기		생일	역행	전 절기
입동	———	9월	——→	한로
10월 4일		13일		9월 4일

남자가 음년생 역행(逆行)이므로 생일로부터 역행일 때 전 절기인 9월 한로가 9월 4일이다. 9월 13일(생일)로부터 거꾸로 날짜를 세어보니 9일이다. 9일을 3으로 나누면 3이다. 그래서 대운 수는 3이 된다.

예) 1971년 8월 3일 여자 대운이 순행일 때

• 1971년 8월 3일 午시 여자

시주	일주	월주	년주	구분
庚 午	己 酉	丁 酉	辛 亥	사 주
金 火	土 金	火 金	金 水	오 행

※ 기준절기 : 백로(白露)

대 운 수

76	66	56	46	36	26	16	6
乙	甲	癸	壬	辛	庚	己	戊
巳	辰	卯	寅	丑	子	亥	戌

다음 절기		생일		전 절기
한로	순행 ←	8월	——	**백로**
8월 21일		3일		7월 19일

여자가 음년생으로서 순행이므로 생일로부터 다음 절기까지 세어서 3으로 나눈다. 생일로부터 순행일 때 다음 절기인 9월 절기 한로가 8월 21일부터이다. 8월 3일(생일)로부터 한로까지 순행하여 날짜를 세어보니 18일이다. 18일을 3으로 나누면 6이 된다. 그래서 대운 수는 6이다.

예) 1974년 3월 12일 여자 대운이 역행일 때

● 1974년 3월 12일 寅시 여자

시주	일주	월주	년주	구분
戊 寅	乙 亥	丁 卯	甲 寅	사 주
土 木	木 水	火 木	木 木	오 행

※ 기준절기 : 경칩(驚蟄)

대 운

79	69	59	49	39	29	19	9
己	庚	辛	壬	癸	甲	乙	丙
未	申	酉	戌	亥	子	丑	寅

다음 절기		생일	역행	전 절기
청명	————	3월	——▶	**경칩**
3월 13일		12일		2월 13일

여자가 양년생에 태어나서 역행이므로 생일로부터 전 절기까지 거꾸로 날짜를 세어보니 27일이다. 27일을 3으로 나누면 9이다. 대운 수는 9이다. 그러면 위표와 마찬가지로 육십갑자를 써내려 가게 되는데, 언제든지 월건을 중심으로 써내려 가게 된다. 남자는 연간이 양이면 양으로 정상적으

로 순행하게 된다. 여자는 연간이 음이면 음이 정상적이므로 순행하게 된다.

예) 1983년 2월 4일 여자 사주

• 1983년 2월 4일 巳시 여자

시주	일주	월주	년주	구분
辛 巳	乙 巳	乙 卯	癸 亥	사 주
金 火	木 火	木 木	水 水	오 행

※ 기준절기 : 경칩(驚蟄)

대 운

76	66	56	56	46	36	26	6
癸	壬	辛	庚	己	戊	丁	丙
亥	戌	酉	申	未	午	巳	辰

다음 절기		생일		전 절기
청명	**순행** ←	**2월**	———	**경칩**
2월 22일		4일		1월 22일

여자가 음년생 순행이므로 생일로부터 다음 절기까지 세어서 3으로 나눈다. 여자가 음년생 순행이므로 생일로부터

다음 절기까지 날짜를 세어보니 18일이다. 18일을 3으로 나누면 6이 된다. 그래서 대운 수는 6이다. 이 사주에서 시를 찾는 방법은 시는 일주 천간이 기준이 된다.

일주 천간이 乙이므로 시지조견표에서 乙庚일에서 찾아 쓰면 巳시에 태어났으므로 辛巳시가 되고 만약 午시라면 壬午시가 된다.

예) 1984년 9월 5일 남자 사주

• 1984년 9월 5일 丑시 남자

시주	일주	월주	년주	구분
己 丑	丙 寅	癸 酉	甲 子	사 주
土 土	火 木	水 金	木 水	오 행

※ 기준절기 : 백로(白露)

대 운

73	63	53	43	33	23	13	3
辛	庚	己	戊	丁	丙	乙	甲
巳	辰	卯	寅	丑	子	亥	戌

다음 절기	순행	생일		전 절기
한로	←	9월	—	백로
9월 14일		5일		8월 12일

남자가 양년생 순행이므로 생일로부터 다음 절기까지 순행하여 날짜를 세어보니 9일이다. 9일을 3으로 나누면 3이다. 그래서 대운수는 3이다. 그리고 시지를 찾을 때는 일간이 기준이다. 일간이 丙이므로 시간조견표에서 찾아보니 丙辛일이다. 조견표를 보아 丙辛일에 丑시는 己丑시가 된다.

사주기본 간명법

[사주기본간명 표]

시주	일주	월주	년주
丁 丑	乙 亥	癸 卯	甲 寅
실(實)	화(花)	묘(苗)	근(根)
자녀	본인 및 배우자	부모 및 형제	조상
말년(末年)	장년(長年)	중년(中年)	초년(初年)

사주팔자에서 연월일시를 천간과 지지를 짝을 지어서 판별하는 것인데, 년주는 나무로 말하자면 뿌리요, 인륜에서는 조상이요, 인생에 있어서는 초년기이다. 월주는 나무에서는 몸통이요, 가지요, 인륜에서는 부모형제요, 인생에서는 중년이다. 일주는 나무로 말한다면 순이요, 꽃이라 인륜에서는 본인 부부요, 인생에서는 장년이 된다. 시주는 나무에서는 꽃과 열매요, 인륜에서는 자식이요, 후손이다. 인생에서는 말년에 해당된다.

사주 응용의 기본 원리

년주는 조상을 감명하고 월주는 부모나 형제를 감명하고 월주를 세분해서 나누면 월간은 아버지와 남자형제, 월지는 어머니와 어머니의 여자형제의 운을 보면 된다. 일간은 항상 사주의 주인공인 본인과 일지는 배우자이다.

시주는 자식 운을 본다. 년주는 뿌리(根)이고, 월주는 그 뿌리의 싹인 묘(苗)이고, 일주는 싹에서 나온 꽃(花)이 되고, 시주는 열매로서 실(實)이 되는 것이다. 그래서 사람은 누구나 조상이 있고, 부모에게서 형제가 나게 되고, 어린 시절을 거쳐서 성장하면 배우자를 만나서 짝을 이루어서 사랑을 나누고 자식을 낳게 됨으로써 순환을 거듭하는 것이 인류사인 것이다.

인생은 누구나 어머니의 뱃속에서 태어나 년·월·일·시를 가지게 된다. 년주는 초년의 인생을 거치면서 부모의 품에서 자라고, 월주는 중년을 거치면서 세상을 맞아들이게 되며 배우고 익히고 인생사를 경험하면서 삶을 깨우치게 되는 것이며, 일주는 장년의 무르익은 생을 만끽하면서 보람이 되고 행복한 삶을 영위하는 것이며, 또다시 반복되는 인생의 삶에서 자식을 낳아 기르면서 代를 이어가게 되는 것이며, 시주는 역시 말년 운에 해당되므로 만리장성을 쌓듯이 인생의 행로를 걸어온 감회에 젖으면서 노약해진 육체는 역시 자식들에게 의지하게 되는 것이 바로 년·월·일·시의 4기둥인 사주(四柱)의 삶의 길이다.

앞에서 설명한 대로 년·월·일·시의 4기둥에서 천간지지가 합세하여 모두 8글자가 나오게 되는데, 그 중에서 일주가 바로 주인공이 되는 것이다. 일주 중에서도 천간(天干)이 바로 본인이다.

사주의 8자 중에서 일간이 회사로 보면 사장이요, 집으로 보면 가장이요, 나라로 보면 임금이요 요즘 와서는 대통령이다.

임금이 7명의 신하를 거느리고 정치를 한다고 생각해보자. 그 중에서 반대를 주로 하는 신하가 있겠고 찬성을 주로 하는 신하도 있을 것이다. 그렇다면 정치를 하는 데 찬성만 한다고 정치가 잘된다는 이치는 없다. 못하는 일을 두고 잘한다고 칭찬한다면 이는 필시 잘못된 정치다.

우리가 음식을 먹어도 매운맛과 짠맛, 신맛, 단맛, 쓴맛이 골고루 갖추어져야 입맛에 맞듯이 모든 사물의 이치는 하나도 빠트릴 수가 없는 것이다. 그래서 사주의 8글자 중에서도 일간인 나를 돕는 세력도 적당히 있어야 되고, 일간을 극하는 세력도 적당히 있음으로써 그 사주팔자는 좋은 것이다.

그러면 사주의 판별법에서 그리 쉽게 좋다 나쁘다하고 판단하기에는 무리가 있다. 무한한 잠재의식이 숨어있는 것이므로 대단히 어렵다고 보면 되는 것이다. 가령 문답식의 학문이라 할지라도 그리 간단하지가 않은 것이 인생이 살아가는 리듬인 것이기 때문이다. 더구나 팔자를 가지고 일생을 살아가는데 숨어있는 비밀을 다 풀어내기란 애당초부터 불가능한 일이라고 생각하면 되는 것인데, 그나마 과거 오랜 전통 속에서 경험과 학문을 통해서 우리에게 많은 정보가 있으므로 이를 토대로 풀어나가 보자.

사주팔자는 8자이며 이 8자를 가지고 일생을 살아가는 운전자가 된 것인데, 예를 들어 8 바퀴 달린 자동차를 가지고 100여년을 끌고 간다면 이것은 오직 좋은 기술자가 있음으로써 안전하고 쉽게 끌고 다닐 수 있을 것이다.

기술이 신통치 못한 사람이 차를 끌고 나간다면 고장을 내거나 사고를 낼 수도 있을 것이기 때문에, 예를 들어서 우리는 그 기술자인 운전사가 바로 대운이고 앞으로 이 사주 8글자를 운전해갈 운전기사라고 생각한다면 답은 쉽게 풀릴 것이다. 그렇다면 사주에서는 어떤 경우에도 대운이 잘 들어와야 한다고 생각된다.

사주의 구성인 8글자가 아무리 잘되어 있어도 운전사가 잘못 들어오면 좋은 차를 잘못 다루게 되어서 못쓰게 되는 꼴이다. 사주가 구성이 좋아도 대운이 잘 들어오지 못하면 그 사주의 주인공은 불행이 연속될 것이고 가령 사주구성이 약간은 나쁘더라도 대운이 잘 들어오면 괜찮다는 말이 되겠는데, 여기에서 우리는 주의해야 할 점이 있다.

사주 구성이 너무 좋지 않은데 대운이 잘 들어온다고 무조건 좋아지는 것은 아니다. 사주란 대운이 잘 들기 위해서는 원래의 사주의 구성이 잘 짜여지는 것이 사주 구성의 원리이다.

사주팔자의 4기둥의 8글자에 적당한 대운이 들어와야 되고 그 대운 속에서도 세운이 잘 들어와야 되는데, 세운이란 1년간의 운을 말한다. 대운이 10년을 차지하게 되는데 10년 동안 좋은 운이 온다고 하여 매일 좋은 것이 아니고 해마다 들어오는 운 또한 많은 작용을 하기 때문에 세운의 역량이 크다는 것이다. 그리고 세운 속에서도 1년 중에 어떤 경우에도 12개월의 운(運)이 모두 달라지는 관계로 우리는 세분해서 정밀히 사주를 보아야 하는 것이다.

예를 들어 큰 백화점이나 시장이 있다고 치자. 백화점은 좋은 대운이고 재래시장은 좋지 못한 대운이라고 보면 좋은 백화점 안에서도 상점의 위치에 따라 물건이 팔리는 것이 다르다. 위치가 좋지 않으면 여기에는 손님이 별로 찾지 않을 것이고, 반대로 대운이 별로 좋지 못한 재래시장인데도 그 안에서 위치가 좋고 아이디어 상품이 있다면 여기에는 손님이 몰릴 것이다.

그렇다면 시장 전체적으로 본다면 재래시장의 매상이야 적겠지만 그 안에서 개개인에게는 물건과 위치에 따라서 매상이 다르다는 얘기이다. 그래서 년월 일시에서 수시로 바뀌면서 들어오는 세운도 많은 역량을 차지한다는 것을 참고하기 바란다.

이렇게 다양함과 무궁무진한 역학 학문을 우리는 하루아침에 어떠한 소득을 얻으려는 마음보다는 오랜 세월 속에서 꾸준하고 묵묵히 노력하다보면 보이지 않는 속에서 하나하나 터득해 나갈 것으로 믿는다.

지장간(支藏干)의 설명

천간의 십간과 지지의 십이지지가 만나서 육십갑자를 이루게 되는데, 천간과 지지의 성격은 엄연히 구분이 되어 있다. 가령 천간이 하늘이고 남자라면 지지는 땅이고 여자이다. 그리고 천간은 나무의 둥치나 가지라면 지지는 그 가지를 받치고 있는 뿌리이다. 나무가 왕성하려면 그 뿌리가 왕성해야 되고, 뿌리가 왕성하려면 가지 또한 왕성해야 되는 것이 자연의 이치이다. 천간지지는 바늘가면 실이 따라 가듯이 어디까지나 음양의 속성으로서 같이한다. 가령 천간만 있고 지지가 없거나 지지만 있고 천간이 없다면 이것은 음양의 존재가 없는 것이나 마찬가지이다.

천간과 지지의 음양이 만나서 부부를 이루었다면 그 지지 속에는 암장된 오행이 있는 것이다. 지지 속에 암장된 오행은 천간이 암장이 되어 있는 것인데, 우리 인간으로 비교하면 어머니의 품속에서 아들과 딸이 재주와 능력의 여하에 따라서 부모의 사회활동과 가정생활에 도움을 줌으로써 가정이 달라질 수 있는 것이다. 가령 부모의 사회활동에 방해만 준다면 부모들은 성공하기가 매우 어려울 것이다. 그런데 다행히 자녀들이 무럭무럭 자라서 부모가 하는 일을 잘 도와주게 된다면 이 가정은 다복하고 부를 누리고 행복하게 잘 살아갈 것이다. 그래서 우리는 지지 속에 암장되어 있는 오행의 성격을 확실히 이해하지 못하고 막무가내로 외우기만 한다면 무용지물(無用之物)이 아닐 수 없다.

우리는 지장간에 대해서 정확하게 이해를 하고 지장간이 하는 역할을 분석한다면 이는 반드시 쉽게 풀릴 것이다.

우리는 지장간을 두고 투출된 오행이 아니므로 얼마나 효과가 있겠느냐 하는 의구심이 들 수도 있다.

지장간은 부부가 있는데 자녀도 같은 가족의 구성원이므로 이렇게 이해를 한다면 자녀들이 가정에서 얼마나 중요한 위치인지를 알게 되는 것이다.

그래서 우리는 사주를 판독할 때 지장간의 속성과 천간과 지지의 상호관계를 분석해 나아간다면 복잡하게 얽히고 설킨 인생살이의 숙제를 풀어나가는데 커다란 도움이 될 것이다. 지장간에 암장되어 있는 오행이 언제 어떻게 돌출이 되는지에 대해서 상세히 알아보자. 가령 1개월이 30일이라면 여기(餘氣), 중기(中氣), 정기(正氣)로 배치가 되어 있다. 지지는 1년 12개월로 되어 있기 때문에 초기(여기)라는 것은 입절한 후에도 지난달의 기운이 아직 남아 있는 氣를 두고 여기라고, 중기는 초기와 정기를 제외한 중간의 기운을 말하는 것이며, 정기는 본 달의 주인이 되는 기운을 말한다.

예를 들어서 1월의 寅월의 경우 입춘이 되어도 바로 지난 달의 12월의 丑월 중의 정기인 己土의 기운이 寅월의 초기까지 남아 있다는 것이다. 이렇게 초기에 丑월로부터 이어진 土의 기운은 점차 쇠해지고 중기의 丙火의 운이 들면서 본기인 정기의 木氣가 감돌게 된다. 그래서 지지에서 여기, 중기, 정기의 기운은 한 달을 30일로 볼 때 寅월의 경우 입절일인 입춘부터 7일 2시간까지 戊土의 기운이 작용을 하고 중기에는 7일 2시간까지 丙火의 기운이 작용하며 다음달 입절일까지 정기인 甲木의 기운이 16일 5시간까지 작용을 하게 되는 것이다.

그리고 子午卯酉 중 午월을 제외하면 子卯酉는 초기와 정기로만 구성되어 있다. 지장간에 암장되어 있는 천간의 오행은 2 내지는 3개까지 암장되어 있다. 이것은 인간도 자녀가 많은 사람이 있고 적은 사람이 있듯이 지장간의 수도 각각 다르다는 것이다. 예를 들어 생일이 子월에 25일이라면 子월과 정기일에 태어났으며 정기는 癸水이다. 子월에 여기에는 壬水가 10일간을 차지하고 있고 중기는 없다. 정기에는 癸水가 20일간을 차지하고 있다. 이 사람은 정기에

癸水를 가지고 사주를 판독하면 되는 것이다.

그래서 한달이 30일로서 여기는 며칠 몇 시간, 중기가 며칠 몇 시간, 정기는 며칠 몇 시간 이렇게 세분화되어 있다. 사람이 태어날 때 어느 달의 며칠인가에 따라서 여기, 중기, 정기로 나누어지므로, 그 중 어느 기운을 타고 났느냐에 따라서 사주 운명을 판단하는 것이다.

지장간(地藏干)의 기용방법

십이지지에 암장되어 있는 천간 오행을 끄집어내어 사주 팔자의 길흉화복을 판독하게 된다. 그런데 각 지지 속에 암장되어 있는 표를 보는 방법은 예컨대 丑에 관해서 설명한다면 지지 丑에는 癸辛己의 삼간(三干)이 암장되어 있다. 지장간을 끄집어내는 데에는 먼저 그 사람이 그 달의 월절일시에서 며칠 몇 시간 후에 출생하였는가를 정확하게 알아야 한다.

월절일시(月節日時)에서 9일 3시간까지를 초기라고 불리는 기간 중에 출생한 사람은 지장간에 癸를 끄집어내고 이어서 월절일시로부터 9일 3시간을 경과하기를 20일 4시간까지 곧 그동안의 3일 1시간 사이를 중기라고 정하며 이 기간에 출생한 사람은 가운데의 지장간 辛을 기용한다.

월절을 경과하기를 12일 4시간 이후, 20일 4시간 이후, 다음 달의 월절일시까지의 사이를 정기라고 정하며 곧 토용(土用)의 기간이 된다.

그리고 6월인 未월에 대해서 설명을 한다면 未지장간에는 丁乙己의 3개의 천간이 암장되어 있다는 것이다. 이 지장간을 끄집어내는 데에는 먼저 그 사람이 태어난 생일이 그 달의 절기를 지나고 며칠 몇 시간이 지났는가를 정확하게 알아야 한다.

그러면 그 달의 절기에서 9일 3시간까지가 초기 또는 여기라고도 한다. 그 기간에 태어난 사람은 丁을 끄집어내어 기용한다.

다음 12일 4시간까지 3일 1시간 사이를 중기라고 하며 그 기간에 태어난 사람은 乙을 끄집어내어 기용한다. 이후 12일 4시간 이후 다음달의 절기까지의 사이를 정기라고 정하며 己의 土를 기용하게 된다. 지장간 설명은 중급편에서 사주예로서 더욱 자세히 설명하기로 한다.

[지장간 기준 표]

지지 \ 기간	여기(餘氣)	중기(中氣)	정기(正氣)
子	壬		癸
	10일 3시간		20일 6시간
丑	癸	辛	己
	9일 3시간	3일 1시간	18일 6시간
寅	戊	丙	甲
	7일 2시간	7일 2시간	16일 5시간
卯	甲		乙
	10일 3시간		20일 6시간
辰	乙	癸	戊
	9일 3시간	3일 1시간	18일 6시간
巳	戊	庚	丙
	7일 2시간	7일 2시간	16일 5시간
午	丙	己	丁
	10일 3시간	9일 3시간	11일 3시간
未	丁	乙	己
	9일 3시간	3일 1시간	18일 6시간
申	戊	壬	庚
	7일 2시간	7일 2시간	16일 5시간
酉	庚		辛
	10일 3시간		20일 6시간
戌	辛	丁	戊
	9일 3시간	3일 1시간	18일 6시간
亥	戊	甲	壬
	7일 2시간	7일 2시간	16일 5시간

천간합(天干合)

천간합은 만나고 화합하는 매우 좋은 관계로서 천간합도 년주와 월주는 조상과 부모를 뜻하고 일주와 시주는 각각 본인과 자식의 관계를 말함이다.

우선 천간이므로 하늘과 남자를 나타내고 일주와 년주가 천간합이면 조상의 음덕이요 일주와 월주가 합이면 부모형제 내지는 직장상사, 선배 등 윗사람들과의 화합이다. 일주와 시주가 합이면 자식 또는 아래 사람들과 화합을 잘 이룬다는 뜻이다. 천간합이라 해서 상합(上合)이라고도 한다.

甲己합은 토국(土局)을 이루고, 乙庚 합은 금국(金局)을 이루고, 丙辛 합은 수국(水局)을 이루고, 丁壬 합은 목국(木局)을 이루고, 戊癸 합은 화국(火局)을 이룬다. 천간합을 자세히 살펴보면 합을 이룬 두 쌍마다 음양(陰陽)이 되고 있다. 甲木은 양이고 己土는 음이다. 乙木은 음이고 庚金은 양이다. 丙火는 양이고 辛金은 음이다. 丁火는 음이고 壬水는 양이다.

戊土는 양이고 癸는 음이다. 이렇게 해서 음양 양음해서 한 쌍의 부부를 이루는 것이다. 그래서 남녀가 대립이 되듯이 오행이 대립되는 속에서 한 쌍의 합을 이룬다. 그래서 한 쪽이 너무 강하면 약한 쪽을 이해하고 아량으로 너그럽게 봐주는 형태로서 조화를 이루는 것이 세상의 이치이다.

예를 들자면 극과 극끼리 양쪽이 비슷한 경우라면 대립관계가 될 것이고, 어느 한쪽이 기울게 되면 약한 쪽이 수그러들면서 좋은 관계로 발전하는 것이다.

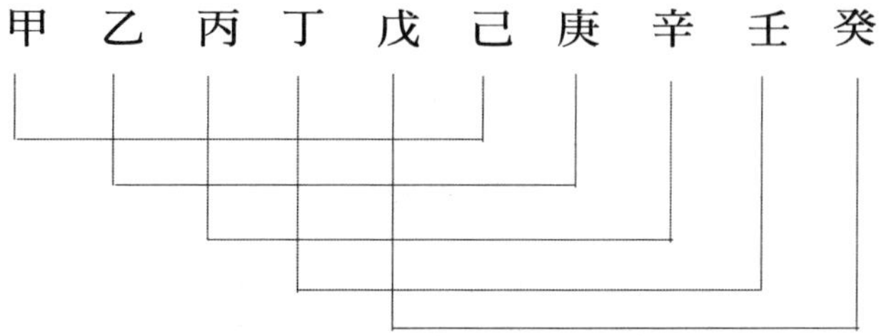

[천간합]

천간합은 6번째로서 합하고 있다. 이것은 1에서 2345까지는 오행에서 水木火土金으로 끝나는 숫자이므로 6은 5를 제외하면 1만 남게 된다. 그러므로 1·6=水, 2·7=火, 3·8=木, 4·9=金, 5·10=土가 되는 것이다. 그래서 그 수리(數理)로 합이 되는 것이다.

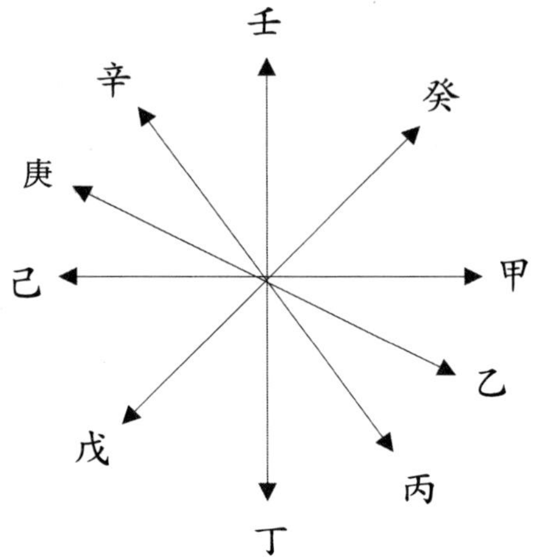

[천간합도]

천 간 합

병신합(丙辛合) – 수국(水局)
정임합(丁壬合) – 목국(木局)
무계합(戊癸合) – 화국(火局)
갑기합(甲己合) – 토국(土局)
을경합(乙庚合) – 금국(金局)

갑기합(甲己合)의 의미

천간과 지지가 하나씩 만나서 짝을 이루어 합을 만든다. 甲木은 양목인 반면 그 인격과 도량이 넓다. 그래서 모든 생물의 우두머리 격으로서 甲木은 제왕의 목격(木格)이다.

반면에 己土는 음토이며, 고요하고 순진하여 덕이 있다. 그래서 甲己는 서로 만나서 합이 되어 모든 이의 부러움과 존경을 받는다. 바르고 굳은 의지로서 만인의 존경을 받게 된다.

甲己가 서로 만나 합국 土를 이루게 되면 오행에서 중심이 되어 사방의 오행의 연결고리 역할을 하게 된다. 土는 水를 극하게 되고 金을 생하게 되므로 통관 역할을 하게 된다. 戊土나 癸水를 만나면 부귀하고 평생 동안 행복하게 된다.

을경합(乙庚合)의 의미

乙木은 역시 음목인데 어질고 부드러운 반면에 나약하면서 애교가 있다. 庚金은 양금인 반면에 굳고 강직하면서 단단하여 남에게 굽힐 줄 모른다. 하지만 단단함과 부드러움이 만나 합을 이루니 강하고 부드러움을 동시에 지니게 되는 격이다. 사주에서 乙庚 합을 만나고 丁火를 만나면 모든 일에도 하는 일이 잘 풀린다. 하지만 강한 火를 만나게 되면 모든 일에 어려움을 당하게 되는 격이다. 壬水를 만나도 매사가 순조롭다.

병신합(丙辛合)의 의미

천간에서 丙火는 양화이고 양화는 큰불로서 태양에 비유된다. 반면에 辛金은 음금이고 차고 냉정하며 매끄럽다. 辛金은 작은 金으로서 작은 쇠붙이의 격이다. 丙辛合水하여 짝을 이루니 수(水)로 변하게 된다. 사주 내에서 丙辛 합이 되면 土를 만나는 것을 꺼려하고 乙木을 만나면 발전을 하게 되고 丁火를 만나면 매사가 순조롭지 못하다. 丁火는 丙火의 겁재이기 때문이다.

정임합(丁壬合)의 의미

丁火는 음화이면서 횃불, 전등불, 반딧불과 같다. 壬水는 양수이며 강물로서 큰물이다. 천간 지지가 음양을 이루어 합이 되니 맑은 물과 丁火 불빛을 비추니 그 자태가 아름답다. 원래는 水의 재가 火인데 비해 우선 음양의 이치이다.

여자일 경우 사주 내에서 丁壬 합이 있으면 얼굴이 아름답고 하여 나이가 많은 사람에게 시집을 가든지, 아니면 재가 또는 재취로 가게 되는 경우가 많다.

일간에 丁壬 합이면 질투를 잘하며 소심하여 성질이 급하여 남에게 신의를 저버리기도 한다. 하지만 인내하고 학문에 전념하게 되면 예술가나 선비로서 출세할 수도 있다.

이것은 丁壬合木이기 때문에 木에 영향을 받게 된다.

무계합(戊癸合)의 의미

천간에서 戊土는 양토이며 양토는 넓고 광활한 대지로 보는 것이며 무한한 자연의 창고이다. 癸水는 음수이며 작은 水로서 옹달샘에 해당한다. 옹달샘의 물은 깨끗하고 청명한데 비해 戊土의 넓고 광활함이 합쳐서 화국을 이루었다. 나이 많은 노총각이 젊고 어여쁜 마누라를 얻은 격이니 기쁘기 그지없다. 사주에서 戊癸 합이 있으면 머리가 좋고 명랑하여 타의 귀여움을 받게 된다. 얼굴도 미남미녀형이 많다. 乙木을 만나면 좋지 못하고 壬水를 만나면 부와 명예를 누리고 잘살게 되는 격이다.

을경합(乙庚合) – 부모에게 효도한다.

[표 1] 천간합 사주 예

시주	일주	월주	년주	구분
戊 寅	乙 亥	庚 辰	庚 寅	사 주
土 木	木 水	金 土	金 木	오 행

이 사주는 乙亥 일주에 庚辰 월주로서 乙일간과 庚월간이 乙庚合金이 되었다. 사주에서 일간과 월간이 합을 하게 되면 부모와의 인연이 깊고 조상의 음덕이 있어서 이 사주는 웃어른들과 관계가 좋은 격이다.

오행이 합이 되면 그 성격과 뜻이 서로 잘 맞는다고 보게 된다. 이 사주는 천간오행이 합이 된다하여 조상을 대대로 모시는 종손의 사주다.

사주에서 년주는 조상이요, 월주는 부모 궁으로서 일간인 본인이 월간과 합을 했다함은 본인이 부모 궁에 합을 해 감으로서 부모를 따른다는 뜻이므로, 이 사주는 조상의 가업을 이어나가게 되는 것이다.

갑기합(甲己合) – 조상 덕이 있다.

[표 2] 천간합 사주 예

시주	일주	월주	년주	구분
丙 子	己 丑	戊 午	甲 申	사 주
火 水	土 土	土 火	木 金	오 행

이 사주는 己丑 일주에 년주가 甲申이 되어서 천간이 甲己合土로 변한다. 사주에서 년주와 일주가 합을 하게 되면 조상의 덕이 있어서 유산을 물려받게 된다.

그것은 연간은 조상의 궁인데 甲木이 일간인 본인에게로 합을 했다 함은 조상이 직접 나를 도와서 신(身)을 강하게 만들어 주기 때문이다.

가령 사주에서 일간인 신이 약할 때에는 이렇게 타 오행이 와서 합을 하게 되면 좋은데, 신이 강할 때에는 土가 강하므로 굳이 타 오행이 와서 합을 하는 것이 좋지 못하다. 그것은 甲木이 일간에 유일한 관(官)인데, 그 관은 관으로서 영향을 미치는 것이 오히려 좋다는 뜻이다.

병신합(丙辛合) – 부모와 자식의 덕이 없다.

[표 3] 천간합 사주 예

시주	일주	월주	년주	구분
丙 子	己 卯	辛 酉	癸 酉	사 주
火 水	土 木	金 金	水 金	오 행

이 사주는 丙子 시주에 월주가 辛酉가 되어서 丙辛合水 하였다. 일주를 도와야 할 丙火가 辛을 만나 水로 변하였으니 자식 덕도 없고 부모덕도 없게 된다. 이것은 일간이 己土인데 시간의 丙火가 화생토(火生土)로서 일간을 도와야 할 텐데, 이를 배신하고 辛金을 만나서 水로서 변했기 때문이다. 사주에서는 나를 도와야 할 오행이 타 신(神)으로 변하게 되면 좋지 못하다. 그것은 火는 土를 생해서 강하게 만들어 주는 오행이다. 보통 火에 자식이 土라고 하게 된다.

그것은 화생토(火生土)로서 火는 土를 낳아서 길러 주는 모체이기 때문이다. 그런데 火가 土는 안중에도 없고 자기가 좋아하는 辛金을 만나서 연애를 하고 水로 변신을 하였으므로 土일간이 볼 때에는 부모가 나를 배신한 격이여서 이렇게 되면 부모덕이 없다고 보는 것이고, 부모덕이 없는 사람은 자식 덕이 없어서 부전자전이 아닐 수가 없다.

병신합(丙辛合) – 부모 덕이 없다.

[표 4] 천간합 사주 예

시주	일주	월주	년주	구분
辛 酉	戊 子	辛 亥	丙 午	사 주
金 金	土 水	金 水	火 火	오 행

이 사주는 戊子 일주이다. 년주의 丙午와 월주의 辛亥가 천간의 丙辛合水를 하였다. 사주 내에서 水가 많은데 수국을 이루었다 함은 크게 환영할 만한 일이 못된다.

천간이 이리저리 합이 너무 많게 되면 그 사람은 주관이 없어서 남에게 이용을 당하거나 사회에서 신용을 잃게 된다. 이 사주는 일간이 戊土인데 戊土를 도와주는 오행이 丙火이고 丙火는 애인을 찾아가서 丙辛合水가 되는 바람에 졸지에 戊土는 가난을 면치 못하게 되는 것이다.

그것은 년주가 조상 궁인데 조상이 나를 도와주어야 함에도 조상이 부모 궁인 월간과 합이 됨으로써 火의 신분을 버렸다함은 일간으로 봐서는 배신을 당한 격이다. 이것은 조상의 묘지를 좋은 명당길지에 모시지 못했다는 증거도 된다.

무계합(戊癸合) – 사주에 온기를 준다.

[표 5] 천간합 사주 예

시주	일주	월주	년주	구분
戊 辰	甲 寅	癸 丑	癸 丑	사주
土 土	木 木	水 土	水 土	오행

이 사주는 甲寅 일주이다. 시주가 戊辰이요, 월주가 癸丑으로서 천간이 戊癸合火를 하였다. 그런데 사주는 火氣가 약하므로 합으로 인하여 도움이 된다. 이렇게 되면 위아래 사람과 화합이 잘되며 사주가 비교적 냉하고 차가운데, 戊癸가 합화(合化)하여 火로 변하게 됨으로써 오히려 도움이 된 경우이다.

이와같이 사주에서 합이 되어서 좋은 경우와 합이 되어서 나빠지는 경우를 잘 알아 둘 필요가 있다. 이 사주는 사주 내에서 土가 많은데, 그 土를 생해 줄 수 있는 火가 없는 터에 천간에서 戊癸合火가 된 것이므로 나쁠 것이 없다.

정임합(丁壬合) – 학자이다.

[표 6] 천간합 사주 예

시주	일주	월주	년주	구분
甲 辰	壬 子	丁 酉	癸 丑	사 주
木 土	水 水	火 金	水 土	오 행

이 사주는 壬子 일주이다. 월주가 丁酉로서 일간과 월간이 丁壬 합으로 목국(木局)이 되었다. 이 사주는 학문적으로 대성할 수 있는 사주이다.

일주가 壬子가 되어서 水가 왕한데다가 오히려 丁壬이 합화(合化)하여 木이 되어 줌으로써 시간에 甲木이 있으므로 木이 왕하게 되면서 오히려 구성이 좋은 격이 되었다.

사주에서는 壬子 일주는 양인격이라 하여 크게 환영받지

못한다. 그런데 壬水가 타 오행으로 변신을 했다 함은 개화한 것이다. 그래서 이러한 합은 상당히 좋게 보는 것이다. 그러나 사주에서 합이 되어서 좋지 않은 경우도 얼마든지 많다.

갑기합(甲己合) – 조상의 재물을 받는다.

[표 8] 천간합 사주 예

시주	일주	월주	년주	구분
辛 未	己 丑	戊 子	甲 申	사 주
金 土	土 土	土 水	木 金	오 행

이 사주는 己丑 일주에 년주가 甲申으로서 천간이 甲己合土가 되었다. 년주는 조상궁이여서 연간과 일간이 합이 된다 함은 조상에게서 재물을 물려받게 되는 사주다.

사주는 연간에서 시주까지 아래로 합을 하면서 도와주게 되면 조상의 덕을 보게 된다. 오행은 물이 흘러가듯이 순조롭게 흘러야 좋은 사주 구성이 되는 것이다.

이 사주는 연간에서 아래로 甲己合土가 되고 일간은 시

간에 辛金에게 토생금(土生金)으로 생하게 됨으로써 오행의 순행하는 이치가 알맞게 구성되었다.

병신합(丙辛合) – 합이 되지 않는다.

[표 9] 천간합 사주 예

시주	일주	월주	년주	구분
丙 寅	己 卯	辛 酉	癸 酉	사 주
火 木	土 木	金 金	水 金	오 행

이 사주는 己卯 일주이다. 월주가 辛酉와 시주가 丙寅으로서 천간이 丙辛合火가 되지 않는다. 그것은 일간에 己土가 丙火를 붙들고 생(生)을 받고 있기 때문이다.

월간 역시 월지에 酉金이 같은 세력으로서 붙들고 있다. 그래서 천간에 합으로는 보지 않는다. 이 사주는 자식을 두고부터 재산이 불어나게 되는데, 그 이유는 己土 일간이 약한데 시간에 丙火가 화생토(火生土)로서 일간을 도와주기 때문이다.

사주 내에 金 오행이 많아서 己土가 토생금(土生金)으로 힘을 소진하고 있는데, 시간에 丙火가 있어서 왕한 金도 제압을 해 주고 일간을 돕게 되어 일거양득(一擧兩得)이 되었다. 그래서 천간에서는 합을 해서 좋은 경우도 있지만, 이렇게 사정에 의해서 합이 되지 않는 경우도 있다.

지지의 삼합(三合)

삼합이란 지지의 3개의 오행이 합세를 하게 된다. 삼합의 작용은 360도의 방위상에 12지지를 배열하여 살펴보면 子午卯酉의 4정(四正)의 중심에서 子午卯酉에 암장된 木火金水의 4 개의 오행이 국(局)을 이루고 오행 중에서 土는 국을 이루지 않았다. 삼합은 서로 모여서 하나의 단결된 힘을 나타내는 것이다.

하나, 둘, 셋이 모여서 단합된 모습인데 천간은 돌출이 되어서 나타나는 정신적인 것이라면 지지는 숨어서 은밀한 비밀의 합이다.

과거에는 궁합을 볼 때 남녀의 띠만 보고서 삼합을 맞추어 활용을 해 왔으나, 이것은 과거 중국의 천여년 전 당나라 시대에 만들어졌다 하여 당사주(唐四柱)라 불렀다. 이것을 년주의 띠만 보고 행해온 것으로 이후 역학에서 사주학이 발달하면서 본인이 타고난 일주를 제일 우선시하는 관계로 이 삼합도 역시 일주를 중심으로 맞추어 보는 것이 제일 정확하다. 궁합을 보더라도 남자의 일주와 여자의 일주를 제일 먼저 계산하는 것이다. 다음은 월주, 시주, 년주 순으로 보는 것이 효과적이다.

그리고 2자가 모이면 이합(二合), 3자가 모이면 삼합(三合)이라 한다. 그래서 신자진(申子辰), 해묘미(亥卯未), 인오술(寅午戌), 사유축(巳酉丑) 이렇게 구성이 된다. 삼합은 결속력이 대단히 강하여 사람으로 비유하면 부모와 나 그리고 자식에 이르기까지의 3代의 형태이다. 亥卯未가 삼합이라면 亥卯, 卯未처럼 2개가 만나는 것을 반합(半合) 또는 반회(反會)라고 하는데 삼합보다는 힘이 약하다.

그러나 삼합의 중간에 있는 子卯午酉가 없으면 반합이 되지 않는다. 투출일 때도 삼합으로 오게 되는데, 삼합 중 2개의 지지만 있어도 없는 것의 본기가 천간에 있으면 삼합으로 작용한다. 본기(本紀)란 삼합 가운데 글자인 제왕을 말한다. 지지에 丑이 있고 巳가 없고 천간에 巳火의 본기인 庚이 있다면 이것이 투출되었다 하여 금국으로 보는 것이다.

삼합의 원리를 더욱 자세히 설명하면, 申子辰의 수국으로 삼합이 될 때 申 중에는 壬水, 子 중에는 壬癸水, 辰 중에는 癸水가 암장이 되어 있다.

巳酉丑 금국을 보면 巳 중에는 庚金이 들어있고 酉 중에는 庚辛의 金이, 丑 중에는 辛金이 암장이 되어 있다.

亥卯未는 목국은 亥 중에는 甲木이 들어있고 卯 중에는

甲乙木이, 그리고 未 중에는 乙木이 들어있으므로 목국의 삼합을 이루는 것이다. 사주를 푸는데 중요한 자료로서 꼭 외워두어야 한다. 삼합의 길흉은 용모가 아름답고 신기가 안정되어 있으며 주위사람과 원만하고 단결이 잘되는 특징이 있다.

申子辰			巳酉丑		
	∵			∵	
申	子	辰	巳	酉	丑
∧	∧	∧	∧	∧	∧
①壬水	①癸水	①癸水	①庚金	①庚金	①辛金
	②壬水			②辛金	

寅午戌			亥卯未		
	∵			∵	
寅	午	戌	亥	卯	未
∧	∧	∧	∧	∧	∧
①丙火	①丙火	①丁火	①甲木	①甲木	①乙木
	②丁火			②乙木	

[삼합오행]

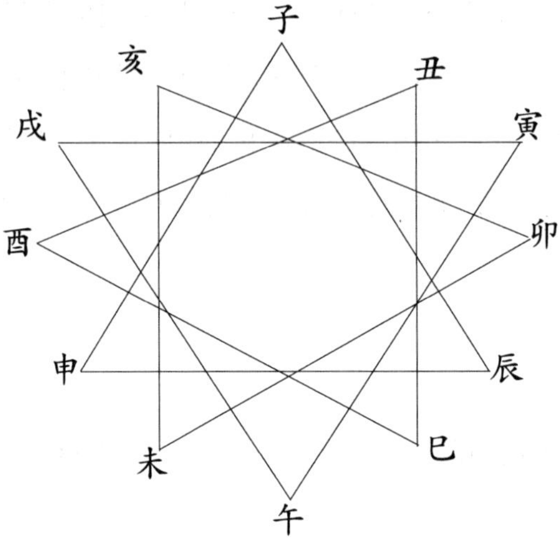

[삼합 도표]

삼합의 국(局)을 이루는데 3字가 합을 하였을 때는 삼합의 완성인데, 가령 2字가 합이 되었을 때는 이를 반합으로 보게 된다.

삼합(三合)

인오술(寅午戌) 삼합은 화국(火局)이 된다.
해묘미(亥卯未) 삼합은 목국(木局)이 된다.
신자진(申子辰) 삼합은 수국(水局)이 된다.
사유축(巳酉丑) 삼합은 금국(金局)이 된다.

※ 삼합의 구성원리

삼합에서 예를 들어서 申子辰이라면 申에서 싹이 돋아나게 되고 子에서 제왕이 되고 辰에서는 고(庫)가 되어서 가두게 된다.

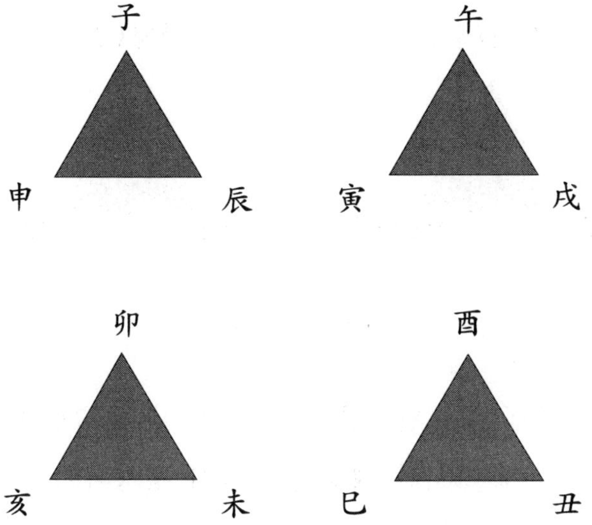

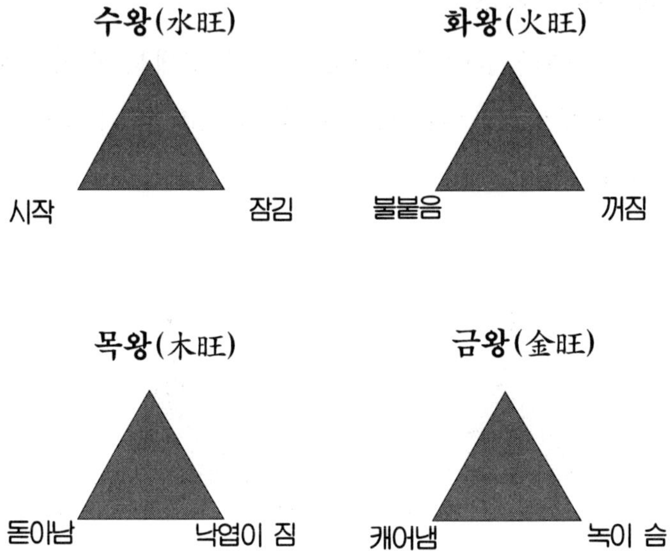

[삼합의 형성]

삼합도 申子辰은 완전한 수국(水局)이다. 그런데 申에서 시작하여 子에 가서야 제왕의 수국이 형성되고 辰에 와서는 제어가 되는 격이다.

가령 申辰, 子辰, 申子 등을 하게 되면 반합밖에 볼 수가 없다. 2자씩으로 형성이 되었을 때는 완전한 삼합의 수국이라고 볼 수 없다. 그렇다고 2자만 있다고 해서 반합으로만 볼 수 없는 것이 음양오행의 원리이다. 가령 申辰이 2자가 반합을 이루고 있다가 세운(歲運)이나 월운(月運), 일운(日

運)에서 子가 들어오면 갑자기 그 위력을 발휘하여 완전한 삼합의 모양새를 갖추기 때문이다. 그래서 반합도 일시적으로 삼합으로 볼 수 있으므로 참고하기 바란다.

반합(半合)

寅午/午戌/寅戌 … 화국(火局)의 반합이다.
巳酉/酉丑/巳丑 … 금국(金局)의 반합이다.
亥卯/卯未/亥未 … 목국(木局)의 반합이다.
申子/子辰/申辰 … 수국(水局)의 반합이다.

지지육합(地支六合)

지지육합은 그 위력이 대단히 크다고 할 수 있다. 오행의 특성이란 근본적으로 음양이 만나기 때문에 육합은 만나는 자체가 남녀의 한 쌍의 부부와 같아서 그 단합심이 매우 크다.

子는 水인데 丑을 만남으로써 土로 변하는 것은 토극수(土剋水)하여 극을 당하는 합이다. 寅亥 합은 寅木을 亥水가 수생목(水生木)으로 생하는 합이다. 卯戌 합은 卯木은 戌土를 극하는 합이다. 이것은 지장간 火의 작용 때문이다. 辰土는 酉金을 토생금(土生金)으로 생하는 합이다. 巳申 합은 巳火가 辛金을 극하는 합이다.

午未 합은 왜 화(化)오행이 성립되지 않을까 하는데 의견이 분분하다. 이미 巳午未 방합에서 化오행으로 되어 있기 때문에 남쪽의 오행으로서 여름철의 방합이므로 화오행으로 되지 못한다.

어떻든 육합의 합화 오행 중에는 극하면서 이루어지나 생하면서 이루어지나 이합(二合)으로서 부부와 같이 단합된 위력이 있다는 것을 명심하기 바란다. 자칫 육합을 모르고서 지나치게 되면 사주를 판독함에 있어서 엉뚱하게 달라질 수도 있다는 것이 음양오행의 지론이다. 천간이 음양으로 합을 이루듯 지지에도 음양이 합을 이루게 되는데, 이것을 지합 또는 여섯 번 합한다 하여 육합이라 한다. 천지간의 음양 조화에 의해 부부처럼 합이 된 것을 유정이라 하고 충이 되는 것을 음과 음, 양과 양끼리 만나서 그것을 무정이라 한다.

육합(六合)

인해(寅亥) 육합 = 목(木)
진유(辰酉) 육합 = 금(金)
자축(子丑) 육합 = 토(土)
묘술(卯戌) 육합 = 화(火)
사신(巳辛) 육합 = 수(水)
오미(午未) 육합 = 무(無)

① 子水 + 丑土 : 토극수(土剋水) 극하는 합이다.

② 寅木 + 亥水 : 수생목(水生木) 생하는 합이다.

③ 卯木 + 戌土 : 목극토(木剋土) 극하는 합이다.

④ 辰土 + 酉金 : 토생금(土生金) 생하는 합이다.

⑤ 巳火 + 辛金 : 화극금(火剋金) 극하는 합이다.

⑥ 午火 + 未土 : 화(化)오행이 성립되지 않는다.

인해(寅亥) 반합 – 학자이다.

[표 1] 지지삼합 사주 예

시주	일주	월주	년주	구분
乙 亥	甲 申	乙 未	辛 酉	사 주
木 水	木 金	木 土	金 金	오 행

이 사주는 甲申 일주이다. 월지의 未와 시지에 亥가 亥未 목국(木局)의 반합이다. 중간에 卯가 있어야 亥卯未로서 완전한 삼합이 된다. 합이 되어서 부모와 자식과 본인의 3대가 화합이 되어 화목한 가정을 이룬다. 목국의 합이 되면 가정에서 가족들이 교육계에 진출하게 된다. 그리고 사주 내에서 반합이 되어 비록 삼합을 이루지 않았더라도 항상 삼합을 이룰 수 있는 준비가 되어 있다는 것을 알아야 한다.

사주를 볼 때 일간을 무시할 수 없는데, 예를 들어서 지지가 삼합을 하게 되면 첫째는 지지끼리 단합과 융화를 하게 되는데, 중요한 것은 지지가 합이 됨으로써 일간에 어떠한 도움을 주는가를 생각해 해야 한다. 이 사주는 일간이 甲木이므로 지지에 亥未가 반합이 되므로 亥未는 목국의 반합이므로 일간에게 크게 도움이 되는 것이다.

사유축(巳酉丑) 삼합 – 벼슬한다.

[표 2] 지지삼합

시주	일주	월주	년주	구분
丙 辰	癸 巳	辛 酉	辛 丑	사 주
火 土	水 火	金 金	金 土	오 행

이 사주는 癸巳 일주이다. 일지에 巳와 월지에 酉 년지가 丑으로 巳酉丑에 완전한 삼합이다. 巳酉丑 삼합은 매우 강한 금국(金局)이다.

이렇게 금국을 이루게 되면 관계(官界)에 진출하게 된다. 사주 내에서 金이 있고 삼합이 금국을 이루었다면 金의 힘을 매우 강하다고 보는 것이다.

사주에서 金은 오행의 특성상 벼슬 운과 관직 또는 명예로 보기 때문에 사주에서 巳酉丑하여 삼합 국을 이루게 되면 관직의 높은 자리까지 오르거나 유명인사가 될 수 있어서 대단히 좋게 보는 것이다. 특히 일간이 癸水가 됨으로써 水가 약한데 癸水를 금생수(金生水)하여 도와줄 수 있는 금국(金局)을 이루었다는 것은 후원자가 단합을 하고 있다는 점에서 대단히 좋은 구성이 되었다.

인오(寅午) 반합 – 자식 덕이 있다.

[표 3] 지지삼합 사주의 예

시주	일주	월주	년주	구분
甲 寅	戊 午	癸 未	庚 辰	사 주
木 木	土 火	水 土	金 土	오 행

이 사주는 戊午 일주에 일지가 午요, 시지가 寅으로서 寅午 화국(火局)의 반합을 이루었다. 반합 자체는 미미하지만, 일주와 시주가 가까이 붙어 있는 관계로 매우 강하게 보는 것이다. 일주와 시주가 합을 이루게 되면 자식 덕이 있고 자식과 융화가 잘된다고 보는 것이다.

자식과의 관계에서 충이나 극이 되지 않는 것만도 좋은데, 반합이 되어 합이 되었다 함은 매우 좋은 구성으로 보는 것이다.

그리고 일간이 戊土인데 土를 도와주는 火가 寅午戌의 화국의 반합이 되었다 함은 일간을 도와주는 후원자가 튼튼하다는 뜻이다. 그렇다면 일간이 극을 해야 하는 오행인 재(財)도 있어야 하므로 모든 오행이 골고루 갖추어 있으면 좋다.

자자진(子子辰) – 심장이 허약하다.

[표 4] 지지삼합 사주의 예

시주	일주	월주	년주	구분
丙 午	壬 辰	庚 子	庚 子	사 주
火 火	水 土	金 水	金 水	오 행

이 사주는 壬辰 일주에 월지가 子 년지가 子 일지가 辰으로서 子辰의 수국(水局)의 반합을 이루었다. 년주와 월주에 子水가 2字이기 때문에 삼합에 버금간다. 사주 내에 식신

상관이 없으므로 오행의 순환에 지장이 있게 된다.

오행에서 火가 심장에 해당이 되는데, 이 사주는 水가 강한데다가 수국의 삼합을 이루었으므로 상대적으로 火오행이 약해짐으로써 火는 심장에 해당이 되므로 심장이 허약하다.

지지 오행이 삼합을 한다고 해서 사주가 무조건 좋아지는 것은 아니다. 삼합이 되어서 오히려 나빠지는 경우도 많다. 일간이 허약할 때에는 삼합이 되어서 도움이 되고 일주가 강할 때에는 삼합이 되어서 배부른 사람에게 자꾸 음식을 먹이는 격이다.

오술(午戌) 반합 – 식상이 없어서 설기하지 못한다.

[표 5] 지지삼합 사주의 예

시주	일주	월주	년주	구분
己 未	戊 午	壬 戌	戊 辰	사 주
土 土	土 火	水 土	土 土	오 행

이 사주는 戊午 일주에 일지가 午 월지가 戌로서 午戌 화

국(火局)에 반합이다. 사주 내에 土가 많아서 신이 강한데 힘을 설기해 주는 오행인 식신 상관이 없어서 아쉽게 되었다. 이 사주는 완전한 삼합을 이루지 않았으니 火의 힘이 크게 왕하다고 는 볼 수 없으나, 사주 내에서 土가 왕성하므로 세(勢)가 왕하다.

일간이 土의 세력을 얻어서 신이 강하므로 이러한 경우에는 土를 생하는 火가 삼합이나 반합이 되어서 국(局)을 이룰 필요가 없다는 것이다. 火의 도움이 없어도 土의 세력이 왕하기 때문이다.

사축(巳丑) 반합 – 金이 미약하다.

[표 6] 지지삼합 사주의 예

시주	일주	월주	년주	구분
乙 丑	甲 辰	乙 巳	丁 丑	사 주
木 土	木 土	木 火	火 土	오 행

이 사주는 甲辰 일주에 월지가 巳이고 년지가 시지가 丑으로 巳丑, 巳丑으로서 반합이지만 丑이 2字로서 金이 미약

하다. 사주 내에서 金이 없는데 巳丑에 반합이 되었으나 金의 힘이 강하다고 보지 않는다. 사주팔자란 전체적으로 오행이 균등한 것이 가장 좋다. 그리고 일간이 甲木이므로 木을 생해 주는 水오행이 꼭 필요한데, 사주 내에 水가 없고 水를 생해 주는 金도 없으므로 巳丑에 금국(金局)의 반합을 이루었다 함은 좋은 합이다. 사주팔자는 오행이 어떻게 배열이 되느냐에 따라서 길흉화복은 천차만별로 달라지는 것이다.

해묘미(亥卯未) 삼합 – 공처가다.

[표 7] 지지삼합 사주의 예

시주	일주	월주	년주	구분
辛 卯	辛 未	癸 卯	丁 亥	사 주
金 木	金 土	水 木	火 水	오 행

이 사주는 辛未 일주가 년지에 亥, 월지에 卯, 일지에 未로서 완전한 亥卯未 삼합의 목국(木局)이다. 일간이 辛金으로서 신약하다. 일지에 未土가 토생금(土生金)으로 일간을

도와주고 있으나 亥卯未 목국에 삼합이 되었으므로 일간이 나약해졌다. 이러한 경우는 신체가 병약한 사람에게 일거리를 자꾸 떠맡기는 형태가 되므로 좋지 못하다.

사주에서 내가 극하는 오행을 재(財)라 하여 재는 대단히 중요한 역할을 한다. 남자 사주에서 재는 재물도 되고 여자도 되는데, 이 사주는 내가 몸이 허약한데 재가 많아서 처의 기운이 센 격이다. 남편은 기가 죽어 살게 되므로 공처가란 소리를 듣게 된다.

해묘미(亥卯未) 삼합 – 감옥에 간다.

[표 8] 지지삼합 사주의 예

시주	일주	월주	년주	구분
辛 未	己 未	丁 亥	庚 辰	사 주
金 土	土 土	火 水	金 土	오 행

이 사주는 월지가 亥水인데 일지와 시지가 未가 되므로 亥未未는 목국(木局)으로서 삼합에 버금가는 것으로 인정할 수가 없다. 그것은 亥卯未는 목국인데 중앙에 진정한 제

왕인 卯가 없기 때문이다. 卯에 제왕이 없어서 인정을 해줄 수가 없으나, 대운이나 세운에서 卯木이 들어오게 되면 일시적으로 완전한 삼합으로서 인정을 하게 된다. 그런데 이 사주는 己土를 생해주는 오행이 없는데 亥卯未 삼합이 되어서 관이 된다. 己土에게는 木이 관이 되기 때문이다.

남자사주에서 관이란 벼슬과 관재구설수이다. 그런데 己土가 왕할 때에는 관이 벼슬인데 己土가 약할 때에는 관재구설수가 되어 亥卯未로 삼합이 되면 木에 제왕이 되어서 감옥을 가게 된다는 뜻이다.

신자자(申子子) – 태왕하여 무능하다.

[표 9] 지지삼합 사주의 예

시주	일주	월주	년주	구분
庚 戌	壬 申	甲 子	戊 子	사 주
金 土	水 金	木 水	土 水	오 행

이 사주는 년지, 월지, 일지가 申子子로 수국(水局)을 이루었다. 辰이 없다고 해도 子가 2字이므로 삼합에 버금간

다. 일간이 壬水인데 申子子의 수국을 이루었으니 일간이 태왕하다. 사주는 신이 너무 왕해도 좋지 못하다.

사람도 배가 너무 부르면 체하는 경우로 사주도 예외가 아니다. 아무리 맛있는 음식이라도 적당히 먹어야 약이 된다. 사주도 태왕하면 좋지 못하고 너무 태약해도 좋지 못하므로 보통 평범한 것을 원한다. 그런데 이 사주는 壬水가 강한데 또 수국(水局)으로 삼합이 되어서 이미 배가 부른데도 맛있는 음식을 잔뜩 차려 놓은 격이여서 좋지 않다.

방합(方合)

방합이란 말 그대로 방향의 합이다. 寅卯辰, 巳午未, 申酉戌, 亥子丑의 방합이 있는데, 방향과 계절이 같기 때문에 따로 떨어졌을 때에는 서로 극하기도 하지만, 뭉치게 되면 같은 형제로서 동지로서 단합심이 대단하여 그 위력이 작용하게 된다. 삼합이란 다른 오행끼리 모여서 성립하는 것으로 부모와 나 그리고 자손의 합이 되므로 "가정의 합"이라고 한다. 그러나 방합은 서로 비슷한 오행끼리 모여 있는 것으로 "친구의 합"이라 하여 붕합(朋合)이라고도 한다. 방합을 친구, 동업자 혹은 형제로 보는 것이다. 삼합은 결속력이 있어서 잘 응집이 되는 반면, 방합은 삼합보다 그 응집력이 떨어지게 된다.

사주 내에 방합이 있으면 비슷한 오행끼리 모여 있으므로 외고집의 성향이 많다. 오직 본인 자신과 자신의 가족밖에 모르고 생각에 있어서도 넓지 못해서 외골수로 흐르게 된다. 사람들과 교제에 있어서도 남을 배려하지 못하기 때문에 외톨이가 될 수 있어서 발전성이 없게 된다. 특히 亥子丑 방합은 꽁꽁 얼어붙은 겨울의 水로서 얼음과 같아서 융통성이 매우 약하다. 하지만 상대성이 있을 때에는 그 결집력이 매우 강하다 할 수 있다.

방합(方合)

寅卯辰	:	동방목국(東方木局) : 목왕지절(木王之節)
巳午未	:	남방화국(南方火局) : 화왕지절(火旺之節)
申酉戌	:	서방금국(西方金局) : 금왕지절(金旺之節)
亥子丑	:	북방수국(北方水局) : 수왕지절(水旺之節)

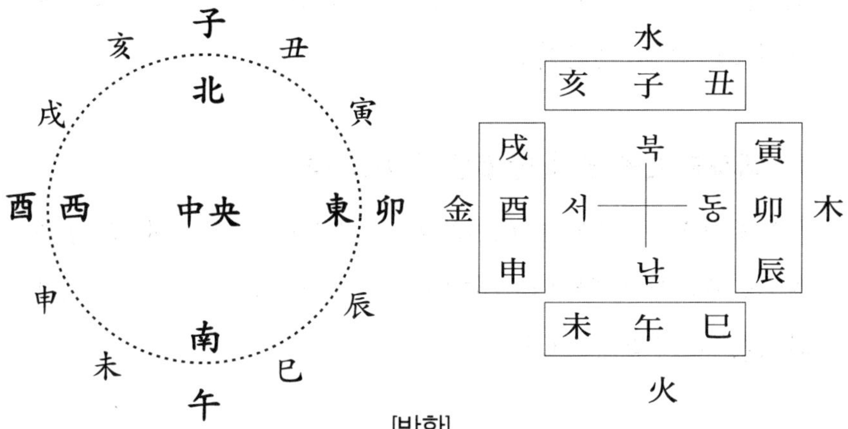

[방합]

● **인묘진(寅卯辰)의 방합은 목(木)이다.**

寅卯辰의 방향은 동(東)쪽으로 계절로는 봄이며 오행에서는 木이다. 寅卯辰이 방합으로 만나면 목국이 됨으로써

木氣에 힘을 한껏 발휘하게 된다.

• 사오미(巳午未) 방합은 화(火)이다.

巳午未의 방향은 남(南)쪽이요, 계절로는 여름이다. 巳午未 방합으로 만나게 되면 火로 변하게 됨으로써 사주 내에서 巳午未가 있으면 강한 火의 힘을 발휘하게 된다.

• 신유술(申酉戌)의 방합은 금(金)이다.

申酉戌의 방향은 서(西)쪽이고, 계절로는 가을이다. 申酉戌 방합으로 만나게 되면 金으로 단합성을 나타냄으로써 크게 그 힘을 발휘한다.

• 해자축(亥子丑)의 방합은 수(水)이다.

亥子丑의 방향은 북(北)쪽이고 계절로는 겨울에 해당하며, 亥子丑의 방합으로 만나게 되면 북방의 水로서 水氣의 위력을 드러내게 된다.

천간충(天干沖)

천간은 하늘이요, 양(陽)이고 남자이고, 정신을 뜻한다. 그래서 천간에서 정신적인 지주가 충하게 되면 지지인 아내가 편안할 리가 없고 가정이 행복할 리가 없는 것이다. 상충이란 서로 충돌한다는 뜻으로 부딪쳐서 좋을 것이 없다는 것이다.

충돌해서 어느 한쪽이 절대적으로 이긴다는 보장이 없는 것이 이 상충의 관계다. 상극(相剋)이라면 영원히 극하므로 이긴다는 보장이 있지만 상충(相沖)이란 서로 대립을 하고 있는 관계이므로 어느 한쪽이 언제 어느 때 재무장을 할지 모르고 어느 때 돕는 세력이 나타나서 합세하여 덮칠지 모르는 상황이다.

그래서 오행의 상황변화를 간파하기란 매우 어려운 것이다. 충의 원리는 양은 양끼리 충하고 음은 음끼리 충하기 때문에 막상 막하의 힘을 가지고 있다.

이 천간충도 지지충과 마찬가지로 방향을 보게 되면 동과 서, 북과 남 이렇게 반대되면서 마주보는 가운데서 상충이 되고 있다.

천간충도 역시 甲乙丙丁戊己庚辛壬癸 중에서 甲은 庚을 충하고 乙은 辛을, 丙은 壬을, 丁은 癸를 이렇게 7번째로 충하고 있다 하여 칠충이다.

戊己는 빠지고 충을 하지 않는다. 戊己는 원래 중앙土이므로 중성이다. 중앙土는 사방위의 오행을 연결해주는 중계자 역할을 하기 때문에 충을 받지 않는다. 충이란 때로는 사주의 구성에 따라서 좋게 작용을 하는 경우가 있다. 이것은 지지충도 마찬가지이다. 하지만 일반적으로 충이 되면 좋지 않으므로 매사에 주의함이 옳다.

천간에 충극

甲庚 충은 甲木과 庚金이 만나면 충을 하면서
극이 이루어진다.
乙辛 충은 乙木과 辛金이 만나면 충을 하면서
극이 이루어진다.
丙壬 충은 丙火와 壬水가 만나면 충을 하면서
극이 이루어진다.
丁癸 충은 丁火와 癸水가 만나면 충을 하면서
극이 이루어진다.

정정계(丁丁癸) 충 – 조상 덕이 없다.

[표 1] 천간충 사주 예

시주	일주	월주	년주	구분
戊 申	丁 卯	丁 寅	癸 巳	사 주
土 金	火 木	火 木	水 火	오 행

이 사주는 丁卯 일주로서 월간에 丁과 연간에 癸가 丁癸 충이다. 년주가 조상 궁으로 천간충이 됨으로써 조상과 인연이 멀게 되고 조상의 음덕이 없다. 사주에서 일간을 직접 충하는 오행이 있게 되면 이것을 가장 꺼리게 된다.

그런데 이 사주는 일간과 월간이 丁火가 두 개가 되어서 일간은 크게 다치지 않고 연간이 다치게 된다.

을신신(乙辛辛) 충 – 자식과 살지 못한다.

[표 2] 천간충 사주 예

시주	일주	월주	년주	구분
乙 未	辛 卯	辛 未	壬 寅	사 주
木 土	金 木	金 土	水 木	오 행

이 사주는 辛卯 일주에 월간과 시간이 乙辛 충이다. 일주와 시주가 가까이에 붙어 있는 관계로 충의 기운이 강하나, 일주와 월주가 辛이 2字이므로 시주가 다치게 된다. 시주는 자식 궁이므로 자식은 일찍부터 타향 객지로 떠나가게 되는 사주다. 이러한 사주는 아예 자식을 멀리 타향으로 내보내는 것이 좋다.

만약 이렇게 사주 내에서 충이 되는데 한집에서 같이 살게 되면 매일 같이 충이 되어서 부딪치게 된다는 뜻이다. 그래서 싸움을 자주하게 되어서 아예 멀리 떨어져 사는 것이 좋다.

병병임(丙丙壬) 충 – 조실부모한다.

[표 3] 천간충 사주 예

시주	일주	월주	년주	구분
丙 申	辛 卯	壬 寅	丙 寅	사 주
火 金	金 木	水 木	火 木	오 행

이 사주는 辛卯 일주에 월간에 壬과 연간에 丙이 천간끼리 丙壬 충을 하고 있다. 시주까지 충을 하고 있어서 사주 내에 충이 많으면 시끄러운 일이 자주 일어난다. 되도록이면 충이나 극이 없는 것을 길하게 본다. 그러나 어느 사주라도 충이 하나도 없다고는 말할 수 없다. 충이 있더라도 일간을 피해서 있는 것이 영향을 덜 받게 된다.

그런데 이 사주는 일간과 직접적인 충은 아닌데 월간은 연간과 시간이 동시에 충을 하고 있어서 월간은 부모 궁인데, 이렇게 되면 부친이 다치게 되어서 조실부모할 수가 있다.

병병임임(丙丙壬壬) – 충돌한다.

[표 4] 천간충 사주 예

시주	일주	월주	년주	구분
丙 申	丙 午	壬 寅	壬 寅	사 주
火 金	火 火	水 木	水 木	오 행

이 사주도 연간과 일간이 丙壬 충이고 월주와 시지까지 쌍충(雙沖)이다. 일주와 직접 충하면 조상과 부모 덕을 기대하기 어렵고 매사에 충돌하고 의견차이로 이별하게 된다.

이 사주의 주인공은 어릴 때 타국으로 떠나서 자수성가하였다. 그러나 이러한 사주가 고향을 지키겠다고 부모와 같이 있게 되면 매사에 서로 간에 어려운 일에 부딪치게 되는 것이다.

그리고 연간과도 충이므로 조상의 음덕이 없고 아랫사람과의 윗사람들과의 사이가 좋지 못해서 매사에 의견이 반대가 되는 것이다.

을신(乙辛) 충 – 초년에 생사이별이다.

[표 5] 천간충 사주 예

시주	일주	월주	년주	구분
丙 申	辛 卯	乙 亥	壬 寅	사 주
火 金	金 木	木 水	水 木	오 행

이 사주도 월간과 일간이 乙辛 충이다. 일주와 월주는 직접 가까이 붙어 있어서 충의 위력이 크다.

乙辛 충은 부모와 어릴 때부터 생사이별하게 된다. 만약 부모와 같이 살게 되면 충돌이 심하여 편안하지 못한 경우이다. 의견이 맞지 않을 바에는 따로 떨어져 사는 것이 누이 좋고 매부 좋은 격이다. 가령 이러한 사주가 부모와 같이 있게 되면 본인이 다치게 된다.

그것은 乙辛 충인데 월간에 乙木은 水의 생을 받아서 건강하기 때문에 일간인 辛金이 불리하게 되어 충을 받게 된다. 그래서 이러한 사주는 어릴 때부터 천리타향으로 달아나게 된다.

을신(乙辛) 충 – 자녀가 타지로 떠난다.

[표 6] 천간충 사주 예

시주	일주	월주	년주	구분
辛 巳	乙 卯	壬 寅	壬 寅	사 주
金 火	木 木	水 木	水 木	오 행

이 사주는 일주와 시주가 직접 乙辛 충을 하고 있다. 시주와의 충은 본인과 자식과의 충을 말한다. 자식이 밖으로 나돌게 되며 같이 살게 되면 충돌이 잦아져서 집안에 싸움과 풍파가 잦다. 매사에 뜻이 맞지 않을 때 같이 한 집에서 살게 되면 서로 충돌하게 되므로 따로 떨어져 살면 서로가 편하다.

그런데 만약에 이러한 사주가 자식과 같이 살거나 가까이에서 자주 접촉을 하게 되면 자식이 운이 잘 풀리지 않고 다병(多病)하거나 자식이 다치게 된다.

그렇지 않고 살아 남으려면 자식이 어릴 때부터 타국 내지는 타지역으로 피신하여 떠나야 되는 것이다.

지지 상충 관계

지지 중에는 충돌하는 것이 6개가 있는데, 360도의 방위 각도상에 12지지를 배열시켜 보면, 좌우 어느 방향에서든 7번째 자리가 되므로 칠충이라 한다. 칠충은 자신의 사주에서 희신(喜神)이나 용신(用神)에 해당할 때에는 좋지만, 그렇지 않을 경우에는 충이란 일반적으로 이별, 역마, 파괴, 파산작용을 나타내는 오행이기 때문에 상충 살(殺)이라 하기도 한다.

충은 인체에서 질병의 형태로 나타나기도 하고 사회적으로 적응이 불안하고 흉사를 많이 당하고 용신을 충을 하면 극흉(極凶)을 당한다. 그래서 충이 사주 내에 있으면 심리적으로 안정감이 없고, 조그만 일에도 신경질적이기 쉽고 직업의 이동과 변동이 많고, 집중력이 떨어져서 우울증·정신병 등 신경계통의 질병이 생기기도 한다.

子午는 충은 水와 火에 충으로서 위아래 사람이나 배우자와의 이별수가 있고, 이동과 변동이 심하고 심장과 신장계통에 병이 생기기 쉽다.

卯酉 충과 寅申 충은 木과 金이 만나면 서로 극을 하게

됨으로써 안정된 직장을 갖기가 힘들고 마음과는 달리 여러 직업을 전전하게 되며 이동·변동이 심하다. 충이 심하면 관재구설수가 있고 직계가족이 상해(傷害)를 입게 되고 부부불화와 생사이별이 예상된다. 남에게 배반당하는 일이 빈번하고 간장, 수족, 상처, 말초신경 질환이 발생한다.

辰戌 충은 辰土와 戌土가 만나면 서로 충하게 된다. 소송이나 문서 토지관계로 투쟁할 일이 발생한다. 위장병, 심장병, 피부병 등 질병이 생긴다.

巳亥 충은 亥水와 巳火가 만나면 서로 극을 하게 된다. 행동이 신중하지 못하고 스스로 문제를 자초하게 되며, 후회나 뉘우침이 없다. 심장, 신장, 혈압 등 질병이 발생한다.

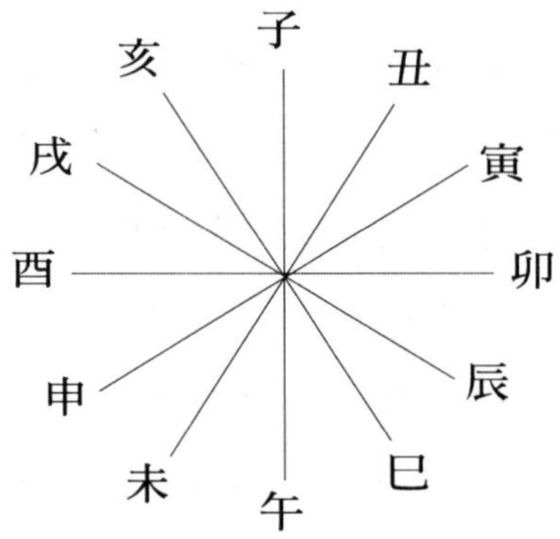

12지지에서 서로 마주보는 것이 충이 된다.

[지지충]

충(沖)	특 성	인 체
자오 子午 충	위아래 사람과 충돌수, 부부갈등, 직장이동, 이별수	신경계통 심장, 신장
축미 丑未 충	산과 들에서 불의의 사건 사고, 교통사고, 재산문제, 이별수	위장질환, 비장질환
인신 寅申 충	신경계통질환, 정신산란 관재구설수, 직계가족상해	폐, 대장 신경계통
묘유 卯酉 충	관재구설수, 직장이동, 배반당함, 부부불화, 직계가족상해, 이별수	말초신경 간, 폐질환 수족, 상처
진술 辰戌 충	재산싸움, 교통사고, 토지소송, 부부불화	피부질환 위장, 심장
사해 巳亥 충	부모 자식간에 불화와 이별수, 애정풍파, 가스폭파 등 사건사고	생식기, 혈압 비뇨기, 심장, 신장

묘유유(卯酉酉) 충 – 조실부모한다.

[표 1] 卯酉 충 사주 예

시주	일주	월주	년주	구분
戊 寅	乙 酉	己 卯	乙 酉	사 주
土 木	木 金	土 木	木 金	오 행

이 사주는 乙酉 일주로서 월지에 卯, 년지에 酉가 卯酉 충이다. 이렇게 사주 내에 쌍충이 있으면 좋지 않다. 더구나 일주와 월주에 충이 가까이 붙어있음으로써 충의 위력이 매우 강하다.

월주와 충함은 부모와 인연이 없고 무덕(無德)하다고 보는 것이다. 월지가 부모 궁이므로 일지와 년지가 합세하여 월지를 충하게 됨으로써 월지는 어머니의 궁이 되므로 어머니와의 인연이 희박하여 어린시절에 어머니와의 생사이별을 하게 된다. 일간이 乙木이고 지지에 酉金으로 금극목(金剋木)이 됨으로써 일간이 나약하다. 그래서 월지의 卯木의 도움이 필요한데, 일지와 년지가 월지를 충함으로써 도움을 받을 길이 없게 되었다.

묘유유(卯酉酉) 충 – 처 덕이 없다.

[표 2] 卯酉 상충살 사주 예

시주	일주	월주	년주	구분
丙 寅	己 卯	辛 酉	癸 酉	사 주
火 木	土 木	金 金	水 金	오 행

이 사주는 일주가 己卯이다. 월지가 酉이고 년지가 酉로서 卯酉 충에 쌍충이다. 일지에 卯木이 월지 · 년지와 금극목(金剋木)으로서 부딪치고 있다. 일주를 직접 충을 하는 것은 그 위력이 매우 커서 어릴 때부터 죽을 고비를 많이 넘겼다고 볼 수가 있다.

그리고 일지는 처 궁인데 년지와 월지가 동시에 일지를 충을 하게 됨으로써 처가 병약하거나 처와 인연이 희박하게 된다.

일지에 卯木이 연약한데 년지 월지가 두 오행이 충을 하게 된다 함은 필시 조상의 덕이 없다고 보는 것이다. 조상의 덕이 없다 함은 조상을 좋은 명당 길지에다 모시지 못했다는 증거가 되어서 지지 운인 처 운을 받지 못했다고 보는 것이다.

진술(辰戌) 충 – 속병 생긴다.

[표 3] 辰戌 충 사주 예

시주	일주	월주	년주	구분
庚 辰	庚 戌	丁 卯	己 亥	사 주
金 土	金 土	火 木	土 水	오 행

이 사주는 庚戌 일주로서 시지와 일지가 辰戌 상충하고 있다. 辰戌 충은 土와 土가 부딪치는 격으로 일지와 시지가 부딪치면 자식과 손아래 사람과 충돌이 심하다. 자식은 타향 객지를 전전하게 된다. 일지와 시지가 충을 하게 되면 자연히 손아래 사람이 밀려나기 십상이다.

그래서 이 사주는 자녀를 두게 되면 자녀가 어릴 때에 집을 나가거나 멀리 타지로 떠나게 된다. 만약 같이 살게 되면 매일같이 다투게 되고 건강이 나빠지게 된다. 건강에서 土는 위장에 해당이 되어서 속병이 생기게 된다.

축미(丑未) 충 – 조상이 엄하다.

[표 4] 丑未 충 사주 예

시주	일주	월주	년주	구분
癸 未	庚 申	己 巳	己 丑	사 주
水 土	金 金	土 火	土 土	오 행

이 사주는 庚申 일주로서 년지에 丑과 시지에 未가 丑未 충이 되고 있으나, 巳火가 월지에 있는 관계로 巳丑의 금국의 반합이 되므로 충이 해소되고 있다. 년주와 시주처럼 멀리 떨어져 있는 충은 일지에 크게 지장이 없다. 년주는 조상궁이요 시주는 자식 궁이 되어서 조상에 의해서 자식과의 충돌이 예상되지만, 일지에 직접적인 충은 피할 수 있으나, 자식이 조상의 뜻과 맞지 않는다면 이것도 본인의 과오라 할 수가 있다. 그러나 이 사주는 년지에 丑土의 지장간에 金의 고(庫)가 되어서 일간이 金이 되므로 조상에 뿌리를 박은 것을 보아 보통 예사로운 가문이 아니고 명당집의 자손이여서 조상이 엄하다는 것을 알 수가 있다.

신신인(申申寅) 충 – 자식과의 충돌이 있다.

[표 5] 申寅 충 사주 예

시주	일주	월주	년주	구분
壬 寅	壬 申	壬 申	己 亥	사 주
水 木	水 金	水 金	土 水	오 행

이 사주는 壬申 일주에 일지 申과 월지 申, 그리고 시지에 寅과 申寅 충이 되고 있으나, 이것은 부모와 본인이 시지에 자식 궁을 충을 하게 됨으로써 자식에게 희망을 기대할 수가 없고 자식과의 충돌이 있다고 보는 것이다. 사주에서 충이 있게 되면 충으로써 좋지 못하다고 판단하기 전에 왜 충으로 인해 좋지 않은지 먼저 살펴볼 필요가 있다. 가령 이 사주는 壬水가 3字씩이나 있어서 일간이 왕한데 그 왕 한물을 조금이라도 제거를 해 주어야 한다. 그래서 시지에 寅木이 있어서 그나마 水를 설기해 가려고 하니 그 寅木을 申金이 충을 하여 파괴하므로, 이 사주는 본인과 자식의 앞날에 큰 발전을 기대하기 어렵게 되는 것이다.

인신묘유(寅申卯酉) 충 – 부모와 인연이 희박하다.

[표 6] 申寅 충 卯酉 충 사주 예

시주	일주	월주	년주	구분
癸 卯	壬 寅	戊 申	丁 酉	사 주
水 木	水 木	土 金	火 金	오 행

이 사주는 壬寅 일주에 월지 申과 申寅 충하고 있다. 이것은 일주인 나를 직접 충하는 것으로서 금극목(金剋木)으로 충이 강하게 나타난다. 이렇게 충이 되면 부모형제와 인연이 희박하여 어릴 때부터 헤어져서 타향객지에서 떠돌게 되거나 자수성가한다. 게다가 년지와 월지의 오행이 金인데 일지가 木이 되어서 부모 조상과의 의견이 반대가 됨으로써 성격부터가 다르다. 그래서 조상의 가업을 이어받아서 계승하는 것은 어렵다고 보고, 시지에 卯木을 년지에 酉金이 卯酉 충으로 金剋木을 함으로써 이 사주는 지지 전체가 金과 木으로 충을 하게 되어 가정에 시끄러운 일이 자주 발생하고 관재구설수 등이 많은 사주라고 보는 것이다.

사해(巳亥) 충 – 조상에 음덕이 없다.

[표 7] 巳亥 충 사주 예

시주	일주	월주	년주	구분
庚 辰	乙 巳	癸 丑	丁 亥	사 주
金 土	木 火	水 土	火 水	오 행

이 사주는 乙巳 일주가 일지 巳火와 년지 亥水와 巳亥 충을 하고 있다. 巳亥 충은 水와 火가 극을 하는 것이다. 년지와 일지가 충한다 함은 거리가 약간은 떨어져 있어도 조상의 음덕을 기대하기 힘들다고 본다. 그러나 이 사주는 월지의 丑土가 일지의 巳火와는 巳丑으로 반합이 됨으로써 년지의 亥水와는 직접적인 충이 어느 정도 해소가 되었다. 그러나 충이란 반합이 있다 해도 완전히 해소가 된다고 볼 수는 없다. 대운이나 세운에서 충의 세력이 들어오면 다시 충의 기운이 나타나게 되는 것이다.

자오(子午) 충 – 육친과 인연을 멀리한다.

[표 8] 子午 충 사주 예

시주	일주	월주	년주	구분
己 丑	丙 午	壬 子	壬 寅	사 주
土 土	火 火	水 水	水 木	오 행

이 사주는 丙午 일주에 일지 午와 월지 子가 子午 충을 하고 있다. 월지가 일지 午를 충하는 경우이다. 이 사주는 어릴 때부터 부모와 생사이별하거나 부모형제의 덕이 없어서 타향살이를 전전하면서 고생을 하게 되고 몸에 변고가 그칠 날이 없게 된다.

월지는 부모 궁인데 부모가 자식을 충한다 함은 자식이 견딜 수 없다고 보는 것이다. 대부분 이러한 사주들은 육친과 인연을 멀리하고 타향에서 고독하게 인생을 사는 경우가 많다. 그리고 천간에서도 丙壬 충을 하게 됨으로써 천간과 지지가 동시에 충을 하게 되어 부모와 자식 간에 원망과 미움으로 얼룩이 져서 도저히 같이 살 수가 없으므로, 자식이 어릴 때부터 천리타향으로 집을 떠나게 된다.

인신(寅申) 충 – 조상의 뜻을 거스른다.

[표 9] 申寅 충 사주 예

시주	일주	월주	년주	구분
戊 申	丁 巳	乙 卯	戊 寅	사 주
土 金	火 火	木 木	土 木	오 행

이 사주는 丁巳 일주에 년지에 寅과 시지에 申이 申寅 충이다. 충을 해도 일주와 직접적으로 충하지 않으므로 크게 영향이 없다. 년지와 시지의 충은 그러나 윗사람과 아랫사람과의 융화가 되지 않아서 항상 불만을 간직하는 사람이다.

사주 내에서 일지와 직접적인 충이 아니더라도 사주 내에 충이 있다는 것만으로도 좋지 않게 본다. 년주는 조상 궁이요 월주는 부모 궁이요 일주는 배우자 궁이요 또 시주는 자식 궁인데, 어느 한 곳도 중요하지 않은 곳이 없는 이유이다.

가령 위 사주처럼 년지와 시지가 申寅 충을 하게 되면 조상과 자식과의 충이라고 보면 되는 것이다. 위아래 사람이 의견이 상충이 된다면 본인도 마음이 편안할 수가 없다.

축미(丑未) 충 – 재산을 탕진한다.

[표 10] 丑未 충 사주 예

시주	일주	월주	년주	구분
壬 戌	癸 丑	辛 未	庚 子	사 주
水 土	水 土	金 土	金 水	오 행

이 사주는 癸丑 일주가 未 월에 태어나서 일지 丑土와 월지 未土가 丑未 충이다. 월지와 일지의 충은 매우 좋지 않다. 사주에서 土 오행은 주로 재물로 보게 되고 건강에서는 위장과 비장에 해당이 되므로 이 사주는 위장병으로 고생을 많이 하게 된다. 丑土는 金에 고(庫)가 되고 未土는 木에 고가 되어서 고(庫)끼리의 충돌은 재산이 파산하게 된다고 보는 것이다. 그래서 이 사주는 재산을 많이 모을 수 없게 된다. 일반적으로 금고가 파손되면 재물이 빠져나가므로 가난하게 되는 것이다.

묘묘유(卯卯酉) 충 – 단명한 조상이다.

[표 11] 卯卯酉 충 사주 예

시주	일주	월주	년주	구분
申 子	己 卯	癸 卯	丁 酉	사 주
木 水	土 木	水 木	火 金	오 행

이 사주는 己卯 일주에 일지 월지가 년지 酉와 卯酉 충이 된다. 사주 내에서 년지는 조상의 궁이 되어서 조상의 인연이 희박하다. 사주에서 조상의 덕이 희박하다는 말은 재산을 물려받지 못한다는 뜻이 된다. 가령 조상이 닦아 놓은 명예도 이에 준한다. 이 사주는 卯木이 2字인데 酉金은 1字가 되어서 신변에는 큰 이상이 없다고 보는 것이다.

그런데 사주에서 어느 오행이라도 충을 하게 되면 한쪽의 오행이 1개이고 다른 한쪽의 오행이 2개가 되면 1개가 있는 쪽이 불리하게 된다. 그래서 이 사주와 같이 일지와 월지 두 오행이 년지를 충을 하게 되면 년지 오행이 당하게 되어서 조상이 일찍 사망하게 되는 경우이다.

자오축미(子午丑未) 충 – 신변이 불안하다.

[표 12] 子午 충 丑未 충 사주 예

시주	일주	월주	년주	구분
庚 子	辛 未	甲 午	癸 丑	사 주
金 水	金 土	木 火	水 土	오 행

이 사주는 辛未 일주인데 년지가 丑 일주가 未로서 丑未 충을 하고 시지와 월지가 子午 충을 하고 있다. 일주와 년주가 충이 떨어져 있어도 사주 내에 충이 둘씩이나 있어서 좋지 못하다. 가정은 분란이 자주 일어나게 되고 위장병에 시달린다. 일지가 未土가 되어서 년지 丑土와 충돌한다 함은 土는 위장에 해당이 되기 때문이다. 항상 속병에 시달리는 사주라고 보면 된다. 사주에서 충이란 이토록 좋지 않은 것인데, 이 사주는 지지 전체가 충이 되었다. 사주가 이렇게 충이 많으면 사방팔방 어느 곳에라도 항상 시비거리를 달고 다니게 되고, 일상적으로 마음이 안정되지 못하고 신변이 항상 불안하다. 그러나 과거부터 지지 전체가 충이 되면 사회적으로 크게 출세를 하는 경우가 있다.

진술축미(辰戌丑未) 충 – 불안증 환자다.

[표 13] 辰戌 충 丑未 충 사주 예

시주	일주	월주	년주	구분
辛 丑	丁 未	壬 戌	戊 辰	사 주
金 土	火 土	水 土	土 土	오 행

이 사주는 丁未 일주로서 일지 未와 시지 丑이 丑未 충이고 년지와 월지가 辰戌 충이 있다. 사주 내에서 충이 2개씩이나 있어서 좋지 못하다.

土와 土가 충이 되어서 土는 인체에서 위장과 비장이므로 위장병으로 고통을 받게 된다. 사주의 팔자 중에서 지지는 4字 뿐인데 4字가 전체적으로 충이 되어서는 일생 동안 마음이 불안하고 여러 직업을 전전하거나 신변에 변동이 많은 것이다. 그리고 사주에서 土는 재물로 보게 된다. 그것은 현재에도 부동산을 돈이나 재물로 보는데 사주에서 지지가 전체적으로 土로 형성이 되어 있는데다가 그 土가 전체적으로 충이 되어서 이것은 마치 땅에서 지진이 일어나는 현상이므로 재물을 간직할 수가 없고 온전히 보존할 수 없게 된다.

자자오(子子午) 충 – 모(母)가 단명이다.

[표 14] 子午 충 사주 예

시주	일주	월주	년주	구분
壬 子	壬 戌	戊 午	庚 子	사 주
水 水	水 土	土 火	金 水	오 행

이 사주는 壬戌 일주에 년지가 子 월지가 午 시지가 子로서 전체적으로 子午 충이다. 그러나 일지를 직접 충하지 않았으므로 불행 중 다행이다. 그리고 월지 午는 午戌 합으로 대피를 하고 있다. 이러한 경우에 자세히 살펴보면 사주의 지지가 전체적으로 충인 것 같아도 따지고 보면 午戌의 반합이 됨으로써 충이 거의 해소되었다고 보아도 무방하다. 월지 午는 년지 子와 시지에 子가 한꺼번에 동시에 충을 하게 됨으로써 같이 부딪쳐봐야 별 소득이 없으나, 다행히 옆에 戊土가 있으므로 午戌로서 합을 하게 된다. 그래서 子午 충을 피하게 되었다. 그리고 한 가지 알아두어야 할 것은 오행이란 충돌보다는 합을 더 좋아해서 합하는 오행이 옆에 있게 되면 합을 먼저 따르게 된다.

인신(寅申) 충 – 충이 해소가 되었다.

[표 15] 申寅 충 사주 예

시주	일주	월주	년주	구분
甲 寅	戊 午	丙 申	丙 午	사 주
木 木	土 火	火 金	火 火	오 행

이 사주는 戊午 일주에 월지가 申 시지가 寅으로 申寅 충을 하고 있다. 사주에서 충이 있어도 직접 바로 부딪치지 않고 월지와 시지에 한 칸 건너서 있기 때문에 일주가 크게 영향을 받지 않을 뿐 아니라 金과 木이 금극목(金剋木)이 되어야 할 텐데, 일지에 午火와 시지에 寅木이 寅午의 화국의 반합이 됨으로써 申寅 충을 피해버렸다고 보는 것이다. 이러한 경우에는 충을 굳이 따지지 않아도 된다는 것이다. 일지와 직접적으로 충이 된다면 이는 무시할 수 없으나, 이 경우에는 월지와 시주가 寅午 합으로 감으로써 충이 해소되었다고 보아도 무방하다.

인인신(寅寅申) 충 – 인덕이 없다.

[표 16] 寅寅申 충 사주 예

시주	일주	월주	년주	구분
丙 申	辛 卯	壬 寅	壬 寅	사 주
火 金	金 木	水 木	水 木	오 행

이 사주는 辛卯 일주에 년지가 寅 월지가 寅, 그리고 시지에 申이 申寅 충이다. 일주가 직접 걸리지 않으므로 충이 약하다. 申寅 충은 木이 2개가 되어서 강하다. 이렇게 되면 자식이 부모형제와 인연을 뒤로하고 집을 떠나서 타지로 떠가게 된다. 조상과 인연이 없고 조상이나 부모와 종교사상 등 모든 것을 반대되는 것을 택하게 된다.

사주에서는 년지, 월지, 일지, 시지는 육친과의 직접적인 연관성을 가지고 있어서 어느 위치의 오행과 충이 되는지를 보고서 판단을 하게 된다.

축미(丑未) 충 – 부모의 재산을 탕진하다.

[표 17] 丑未충 사주 예

시주	일주	월주	년주	구분
乙 丑	甲 戌	辛 未	甲 午	사주
木 土	木 土	金 土	木 火	오행

이 사주는 甲戌 일주에 未월에 태어나서 월지와 시지가 丑未 충을 한다. 土와 土가 丑未 충으로서 부모가 모아 놓은 재산을 자식이 모두 탕진하게 된다. 사주가 이렇게 되면 자식이 불효막심하게 되는 것인데, 그것은 월지의 未는 木에 고(庫)인데 이것을 丑土가 충을 하여 깨뜨리기 때문이다. 사주 내에서 丑未 충이나 辰戌 충이 있으면 주로 위장계통에서 병이 오거나 수술을 하게 된다. 그리고 월간에 辛金과 시간에 乙木이 乙辛 충이 된다. 이렇게 되면 천간과 지지가 동시에 충이 되었다. 가령 월주는 부모 궁이고 시주는 자식 궁이 되므로 할아버지와 손자가 합이 되지 못하고 충이 되어서 사이가 좋지 못하다.

묘묘유(卯卯酉) 충 – 부모가 단명이다.

[표 18] 卯卯酉 충 사주 예

시주	일주	월주	년주	구분
甲 子	己 卯	癸 卯	丁 酉	사 주
木 水	土 木	水 木	火 金	오 행

이 사주는 己卯 일주로서 일지에 卯 월지에 卯인데 년지가 酉가 되어 卯酉 충하고 있어서 매우 민감하다. 같은 충이 있어도 이렇게 되면 더욱 좋지 않게 보는 것이다. 金과 木이 충이다.

년지는 조상 궁이어서 조상과의 인연을 주로 보게 되고 월지와도 연결이 되어서 부모와도 인연이 깊지 못하다. 멀리 타국으로 가서 살게 되는데, 만약 그렇지 않으면 부모가 일찍 사망하는 경우가 있다. 그리고 일지가 직접 충을 하는 경우에는 신체상에 흠이 있을 수 있다. 사주에 지지에서 충이 많다 함은 수명(壽命)과도 관계가 깊어서 단명을 하는 경우가 많다.

원진(怨嗔)

원진이란 서로 미워하고 증오하는 세력끼리 만난 것이 원진이다. 원진이 본인의 사주 내에 있거나 배우자 혹은 동업자 간에 원진이 있다면 이것은 필시 좋지 않다. 원진은 만나면 나쁜 관계로 발전하면서 성격과 행동이 포악해지므로 서로를 이해하고 좋아지려면 많은 노력과 인내를 길러야 할 것이다.

쥐(子)와 양(未)의 원진은 쥐가 제일 싫어하는 것이 양의 배설물이다. 따라서 쥐가 양을 미워한다. 소(丑)와 오(午)의 원진은 소는 매일같이 일을 하는데 말은 마구간에 서서 먹고 놀기만 한다 하여 소가 말을 미워한다.

호랑이(寅)와 닭(酉)의 원진은 호랑이가 밤중에 인가(人家)에 내려오는데 새벽에 닭이 울게 되면 호랑이가 놀라서 도망을 가야 하므로 미워한다. 호랑이에게는 닭 울음소리가 쇠 소리로 들리기 때문에 매우 싫어한다. 토끼(卯)와 원숭이(申)의 원진은 토끼는 원숭이 궁둥이가 빨간데 자기 눈과 닮은 것이 싫다 하여 미워한다. 용(辰)과 돼지(亥)의 원진은 용은 돼지의 코 부리가 자기의 면상과 닮았다 하여 싫어한다. 뱀(巳)과 개(戌)의 원진은 뱀은 개가 짖으면 즉사한다하여 싫어하게 된다. 이 원진도 역시 본인 사주에서는 일주를 제일 먼저 보고 다음은 월지, 시지, 년지 순으로 보는데 일주, 월주가 바로 원진이 걸리게 되면 매우 좋지 못하다.

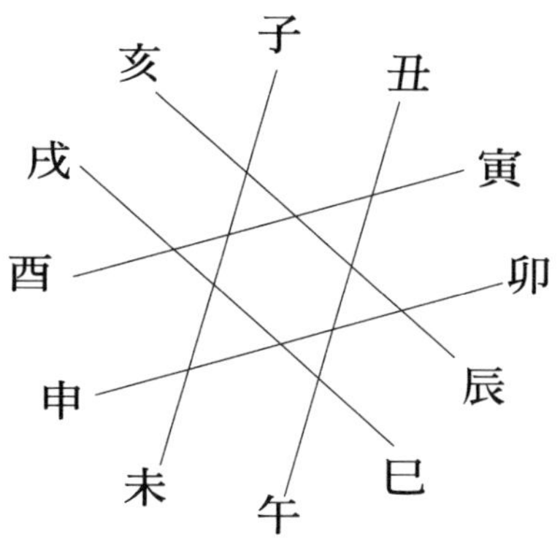

※ **원진(怨嗔)의 설명**

子未 원진 … 쥐는 양의 배설물이 닿으면 쥐의 몸이 썩어 들어간다 하여 미워한다.

丑午 원진 … 소는 매일같이 일을 하는데 말은 마굿간에서서 놀고먹기만 한다고 미워한다.

寅酉 원진 … 호랑이가 밤에 인가(人家)에 내려 오는데 새벽에 닭이 울면 호랑이가 놀라서 도망을 가야 하

므로 미워한다.

卯申 원진 … 토끼는 원숭이 궁둥이가 빨간데 자기 눈과 닮았다 하여 미워한다.

辰亥 원진 … 용은 돼지의 코 부리가 용의 면상과 닮았다 하여 미워한다.

巳戌 원진 … 뱀은 개가 짖으면 즉사(卽死)한다 하여 미워한다.

사주와 원진살(怨嗔殺)

원진살은 지지 오행이 서로 미워하고 질투하는 살(殺)이다. 살 중에서는 원진살이 가장 피해가 심하다. 남녀의 사주를 보아 원진살이 있음에도 결혼을 하게 되면 미움과 원망과 불평이 쌓여서 생사이별을 겪게 된다.

원진으로 인한 침해는 그 원인이 안에서 일어나는 것이 아니라, 밖으로부터 어려움을 당할 때가 많으며, 이 살이 있게 되면 가정에 불화와 고질병, 증오와 이별 등으로 고독하게 살게 되고, 사회적으로 고립이 되기 쉽고 열등감을 느끼게 된다.

원진살이 정인과 편인에 있으면 부모에게 해(害)가 되고, 원진살이 비견과 겁재에 있으면 형제에게 해가 되며, 편재와 정재에 원진살이 있게 되면 처첩(妻妾)에게 해가 있으며, 편관과 정관에 원진살이 있게 되면 자식에게 해가 된다. 원진살이 사주 내에 있으면 년주에 있을 때와 월주에 있을 때, 일주와 시주에 있을 때 각각 위치에 따라서 상황이 달라지는 것이 특징이다. 년주에 원진살이 있게 되면 조상의 덕이 없고 물려받은 재산이 희박하다.

월주에 원진살이 있게 되면 부모형제가 무덕하고 원수처럼 지낸다. 같이 살면 서로 원망하고 피해를 입히면서 살게 된다.

일주에 원진살이 있으면 부부 화합이 어렵고 배우자에 질병으로 고통을 당하게 되거나, 부부 생이별하게 되고 원수가 되어 법정싸움을 하게 된다.

시주에 원진살이 있으면 자식을 두기 힘들고, 자식이 있어도 병약하거나 불효자식을 두게 되는 경우이다.

※ 사주와 원진살(怨嗔殺)

년주에 원진살이 있으면 조상의 덕이 없고 물려 받은 재산이 희박하다.

월주에 원진살이 있으면 부모형제가 무덕하고 피해를 입어서 원수처럼 지낸다.

일주에 원진살이 있으면 부부가 생사이별하거나 평생 원망과 미움과 증오가 쌓인다.

시주에 원진살이 있으면 자식을 두기 힘들고, 자식이 있어도 병약하거나 불효자식이다.

[원진살]

원진	특 성	인 체
자 미 子未	부부이별수 직장이동	비뇨기 질환
축 오 丑午	교통사고, 재산문제, 이별수	원인 모를 불치병
인 유 寅酉	이별수 신경계통질환, 정신산란	심장병
묘 신 卯申	직장이동, 부부불화, 이별수	피부질환
진 해 辰亥	이별수, 수족상처, 부부불화,	피부질환 위장, 심장
사 술 巳戌	부모 자식간에 불화, 이별수 애정풍파, 사건사고	생식기병 신장, 부인병

자미(子未) 원진 – 비뇨기 병이다.

[표 1] 원진 사주 예

시주	일주	월주	년주	구분
壬 寅	壬 子	癸 未	庚 辰	사 주
水 木	水 水	水 土	金 土	오 행

이 사주는 일주가 壬子인데 일지의 子水와 월지의 未土가 子未 원진이다. 토극수(土剋水)를 하므로 비뇨기 계통에 질병이 생기게 된다. 더구나 사주 내에 火가 없어서 위장이 차고 냉하므로 소화불량을 앓게 된다. 사주에서 일지와 월지가 원진이면 태어나면서부터 부모와의 원진이 되므로 몸이 나약하고 병치례를 많이 한다. 사주 내에서 어떤 오행이 제일 많고 강한지 또는 어떠한 오행이 제일 약하고 적은지 분별하여 건강을 알 수가 있다.

그리고 한 가지 알아야 할 것은 오행이 많다고 해서 인체에서 그에 해당하는 기관이 좋다고 할 수가 없다. 어느 오행이든지 너무 많게 되면 그것은 적은 것보다 오히려 좋지 못하다고 보는 것이다.

인유(寅酉) 원진 – 관재구설수다.

[표 2] 원진 사주 예

시주	일주	월주	년주	구분
戊 戌	丙 寅	辛 酉	癸 未	사 주
土 土	火 木	金 金	水 土	오 행

위 사주는 丙寅 일주인데 일주 寅과 월지 酉가 직접적인 寅酉 원진이다. 이렇게 원진이 되면 사주에서 월지는 부모궁이 되어서 부모와 생사이별을 하게 된다.

寅酉 원진은 특히 금극목(金剋木)으로 본인도 시비거리가 자주 발생하고 관재구설수를 항시 조심해야 한다. 사주에서 원진이 아니더라도 금극목이 되면 관재구설수와 이별수, 교통사고 등 뜻하지 않은 불행이 올 수 있다.

원진도 여러 사례가 있는데, 특히 寅酉 원진은 호랑이와 닭의 관계로서 서로 미워하게 된다. 이것은 반드시 헤어지게 된다. 오행상 금극목(金剋木)이 되므로 그러하다.

진해사술(辰亥巳戌) 원진 – 부전자전이다.

[표 3] 원진 사주 예

시주	일주	월주	년주	구분
庚 戌	丁 巳	戊 辰	己 亥	사 주
金 土	火 火	土 土	土 水	오 행

이 사주는 년지의 亥와 월지의 辰이 辰亥 원진이고 일지 巳와 시지 戌이 巳戌 원진이다. 이렇게 쌍원진이 사주 내에 있으면 부모는 물론 자식을 두게 되면 부인과도 이별을 하기 십상이다.

그것은 일지는 처 궁이고 시지는 자녀 궁이 되어서 어머니와 자식 간에 미워하는 세력이 강하기 때문이다.

그리고 년지와 월지에 辰亥 원진이 있어서 조상과 부모 사이가 원만하지 못하다는 것을 알 수가 있다. 그래서 부전자전이라 사주는 유전성이 많다고 보는 것이다.

진해(辰亥) 원진 - 흉터가 있다.

[표 4] 원진 사주 예

시주	일주	월주	년주	구분
戊 寅	乙 亥	庚 辰	庚 寅	사 주
土 木	木 水	金 土	金 木	오 행

이 사주는 乙亥 일주에 일지 亥와 월지 辰이 辰亥 원진이다. 일지와 월지가 직접적으로 원진이 있게 됨으로써 좋지 못하다. 월지는 부모 궁이 되어서 출생하자마자 또는 유년기에 교통사고나 객지에서의 사고로 상처가 나거나 얼굴 부위에 흉터가 생기기 쉽다. 사주 내에서 원진이 일지에 있는지 월지에 있는지 또는 년지, 시지에 있는지에 따라서 화복이 달라지고 원진도 어떤 관계에서의 원진이냐에 따라서 다르다. 辰亥 원진은 辰은 용을 말하고 亥는 돼지를 말한다. 이 두 세력은 서로가 미워하는 세력이여서 사주 내에 辰亥 원진이 있거나 부부의 사주에 일간끼리 있으면 몸이 마르고 병적(病的)으로 나타나게 된다.

자미(子未) 원진 – 원망하고 증오한다.

[표 5] 원진 사주 예

시주	일주	월주	년주	구분
乙 巳	丁 未	壬 子	戊 辰	사 주
木 火	火 土	水 水	土 土	오 행

이 사주는 丁未 일주에 일지 未와 월지 子가 子未 원진이다. 일주와 월주가 직접 원진이므로 부모와 자식 간에 사이가 원만하지 못하다. 부모와 의견이 맞지 않아서 다투게 되고, 특히 건강은 비뇨기 계통이 좋지 못하다. 일지와 월지에 이렇게 원진이 있게 되면 서로가 아무리 잘 해보려고 노력을 해도 만나기만 하면 저절로 미워할 일이 생김으로써 증오심이 생기게 된다. 그래서 부모와의 관계가 원만하지 못하고 일생을 두고 증오하게 됨으로써 좋지 못하다. 사주 내에 원진이 있으면 서로가 원망을 하고 미워하는 일이 빈번하다고 보는 것인데, 원진이 있어도 합 오행이 있으면 다소 해소가 된다.

인유(寅酉) 원진 – 이별수다.

[표 6] 원진 사주 예

시주	일주	월주	년주	구분
丙 寅	己 卯	辛 酉	癸 酉	사 주
火 木	土 木	金 金	水 金	오 행

이 사주는 己卯 일주에 년지와 월지의 酉 시지에 寅이 寅酉 원진이다. 년지와 월지 시지가 쌍원진이므로 일지인 본인과의 원진이 직접적으로 걸리지 않더라도 사주 내에 있는 것은 좋지 못하다. 특히 酉가 둘이므로 매우 강하다.

위아래 사람 간에 이별수가 있게 되고 자식이 멀리 타향으로 떠나서 살게 된다. 그것은 년지와 월주가 각각 조상과 부모에 해당되고 시지는 자식의 궁이다. 그런데 이 두 원진은 조상과 자식과의 원진이다. 원진이란 아무것도 주는 것이 없는데도 미워하는 세력이다. 특히 寅酉의 원진은 金과 木의 극이 됨으로써 이별수가 있게 된다.

진해(辰亥) 원진 – 합으로 해소가 되었다.

[표 7] 원진 사주 예

시주	일주	월주	년주	구분
庚 辰	庚 戌	丁 卯	己 亥	사 주
金 土	金 土	火 木	土 水	오 행

이 사주는 庚戌 일주에 년지 亥와 시지 辰이 辰亥 원진이다. 년지와 시지에 원진이므로 크게 작용을 하지 못한다. 더구나 년지의 亥는 월지의 卯와 亥卯 목국에 반합으로서 원진이 이미 해소가 되었다고 보는 것이다.

가령 해소가 되지 않았다 하더라도 년지와 시지가 거리가 멀어서 그 작용이 미약하다고 본다. 그리고 가령 시지에 辰土가 년지의 亥水와 원진이 된다 하더라도 일지 戌土와 辰土가 辰戌 충이 되어서 원진의 작용은 하지 못한다고 보는 것이다. 사주에서 원진이나 충이 있어도 이렇게 서로가 상쇄가 되어서 해소가 되는 경우도 있다.

인유(寅酉) 원진 – 잦은 풍파를 겪는다.

[표 8] 원진 사주 예

시주	일주	월주	년주	구분
丙 寅	己 卯	癸 卯	丁 酉	사 주
火 木	土 木	水 木	火 金	오 행

이 사주는 년지에 酉와 시지에 寅이 寅酉 원진이다. 寅酉 원진은 금극목(金剋木)하여 이별수가 있게 되나, 이 사주는 년지와 시지가 원진으로서 멀리 떨어져 있으므로 영향력이 미약하다고 보는 것이다. 그러나 일지 · 월지와 년지가 卯酉 충을 하고 있어서 집안에 풍파가 잦다.

사주 내에서 서로 미워하고 증오하는 원진이 있다는 것만으로도 좋게 볼 수는 없는 것이다. 사주의 길흉화복이란 천차만별로 나타나기 때문에 이를 항상 염두에 두어야 한다.

이 사주는 사주 내에 원진만 있는 것이 아니라 충까지 있게 되어서 정신이 산만하여 매사에 갈피를 잡지 못한다.

진해해(辰亥亥) 원진 – 상체에 흉터가 있다.

[표 9] 원진 사주 예

시주	일주	월주	년주	구분
甲 辰	丁 酉	乙 亥	己 亥	사 주
木 土	火 金	木 水	土 水	오 행

이 사주는 丁酉 일주가 亥 월에 태어나서 월지를 얻지 못했고 시지가 辰, 년지와 월지가 亥로서 쌍원진이다. 辰亥의 원진이 있게 되면 상체 부위에 상처나 흉터를 가지는 것이 특징이다.

이 사주에서 년지와 월지의 亥가 둘이여서 시지에 辰土를 미워하게 되므로 조상의 덕이 없다고 본다. 이렇게 시주가 극을 받음으로써 자식이 타향객지로 길을 떠나게 되는 경우가 대부분이다. 시지에서 볼 때 원진이 된다함은 조상들이 후손을 미워하고 필시 조상의 묘를 잘못 쓰게 되어서 그 피해가 돌아오는 예이다. 조상은 뿌리가 되고 후손은 나무의 가지와 같다.

축축오(丑丑午) 원진 – 정신질환이 있다.

[표 10] 원진 사주 예

시주	일주	월주	년주	구분
辛 丑	丁 丑	壬 午	戊 戌	사 주
金 土	火 土	水 火	土 土	오 행

이 사주는 丁丑 일주에 일지와 시지가 丑土인데, 월지가 午火가 되어서 丑午 원진이다. 丑午 원진은 서로 미워하는 관계이다. 일지, 월지, 시지에 모두 있으니 원진의 피해가 강하다고 본다. 丑午의 원진은 몸이 마르고 신경질적으로 변해서 정신질환이 많다.

그런데 이 사주는 년지에 戌土와 월지에 午火가 午戌 합으로 화국의 반합을 이루고 있다. 이렇게 되면 자연히 원진의 세력은 약해지게 되므로 그 효력이 미미하다고 보는 것이다. 사주 오행에서는 원진이나 충보다는 합을 더욱 좋아하기 때문이다.

사술(巳戌) 원진 – 생식기 질환이 있다.

[표 11] 원진 사주 예

시주	일주	월주	년주	구분
甲 戌	甲 辰	乙 巳	丁 丑	사 주
木 土	木 土	木 火	火 土	오 행

이 사주는 甲辰 일주가 巳월에 태어났다. 그런데 이 사주는 월지에 巳火와 시지에 戌土가 巳戌 원진이지만, 월지와 시지에 떨어져 있기 때문에 그 기운을 약하게 보는 것이다. 巳戌 원진은 생식기계통의 질환이 따른다. 사주가 구성이 이렇게 되면 결혼을 해서 자식을 둠으로써 이별을 하는 경우가 많다.

그리고 월지와 시지가 원진이 되고 있는데 중간에 일지가 辰土가 있어서 辰戌이 충이 되고 있다. 이렇게 되면 충이 원진보다 그 위력이 강해서 원진살이 충으로 옮겨가게 되었다. 그러나 사주 내에 있는 원진은 어차피 작용을 하게 되므로 계산에 넣어두는 것이 사주를 풀이하는데 도움이 된다.

자미미(子未未) 원진 – 비뇨기 질환이 있다.

[표 12] 원진 사주 예

시주	일주	월주	년주	구분
丁 未	壬 子	癸 未	庚 辰	사 주
火 土	水 水	水 土	金 土	오 행

이 사주는 壬子 일주에 일지가 子와 월지, 시지가 未로서 子未 원진이다. 이럴 경우에 일주인 나를 쌍원진으로 덤비게 되므로 매우 강하다. 비뇨기 생식기 계통으로 질병이 있게 되고, 위장병으로도 고생을 하게 된다. 결혼을 하게 되면 부부간에 싸움으로 재판까지 하면서 생사이별하게 된다.

사주에서는 어떠한 흉신이 있다 해도 그것을 상쇄할 수 있는 오행이 있어야 하는데, 이 사주는 다행히 년지 辰과 일지 子水가 子辰이 수국의 반합이 되어서 어느 정도는 해소될 수 있으나, 월지에 未가 가로막고 있어서 완전히 해소된다고는 볼 수 없다.

육친론(六親論)

천간에 십간(十干) 중에서 어느 오행을 타고 나도 이 육친 속에 속하게 되어 있는 것이 사주의 기본원리이다. 육친이란 부모나 조상을 비롯해서 나와 나의 처자식까지의 구성이 사주팔자 내에 존재하기 마련이다. 그래서 사주팔자는 얽히고 설킨 이 육친론을 잘 이해하고 풀어나간다면 사주공부를 쉽게 풀어갈 수 있을 것이다.

●•• 육친과의 관계

우리는 사주팔자를 판독함에 있어서 제일 먼저 본인이라는 일간을 잘 알고 있어야 한다. 아(我)라는 존재를 확인한 후에 그에 관계되는 육친에 대해서 잘 이해를 하게 될 것이다. 사주팔자에서 나라는 존재는 항상 어디에 있을까? 일간(日干) 즉 내가 태어난 날짜의 천간이 나라는 사실은 여러 번 반복되었으므로 알 수가 있을 것이다. 그런데 중요한 것은 나라는 존재의 특성과 기질 또는 강약을 잘 이해하지 못한다면 육친론에서 헤매는 경우가 허다할 것이다. 가령 사주는 여덟 글자인데 그 중에 아(我)라는 존재를 제외하면 일곱 글자만 남게 되는데, 그 일곱 자가 나와의 가족구성원이고, 예를 들어 나는 그룹의 사장인데 일곱 명의 사원을 데리고 사업을 한다고 생각하게 되면 그 중에는 나의 말을 잘 이해하고 열심히 회사를 돕는 열성적인 사원이 있는가 하면, 또다른 사원은 월급만 축내고 일도 열심히 하지 않는 사원도 있을 수 있다는 것이다.

그런데 회사에 충실하고 이익만을 낼 수 없는 것이 현실이기도 하다. 잘 하기도 하고 간혹은 다른 길로 빠지는가 하면 평상시에 능률적으로 처리하지 못하는 사원이 있기 마련이다. 중요한 것은 일곱 명이 내 말만 잘 듣고 돈을 너무 잘 번다면 본인이 태만해질 수도 있다는 것이다. 그렇다면 일곱 명 모두 한결같이 일만 잘 할 수는 없는 것이다. 그 중에서 몇 명이 내편을 들어주고 나를 얼마나 이해하고 도와주느냐에 따라서 회사의 사업 성패 여부가 가려지게 된다. 개개인의 일도 역시 마찬가지이다. 여덟 사람 중에서 본인인 나를 빼면 일곱 사람으로 과반수 이상이라고 하더라도 나를 잘만 도와준다면 사주팔자란 같은 배를 탄 여덟 사람의 식구는 무사히 항해를 마칠 수 있다는 것이 사주팔자의 구성원리이다.

●• •육신 기준표

육신 기준표 남자

좌측 육친	좌측 천간		우측 천간	우측 육친
아들, 매부, 조카, 질녀 외조모	(庚) (편관)		(辛) (정관)	딸, 증조모, 조카, 질녀 증조모, 손부
생모, 편모, 조부, 자부의 편모, 이모	편인 (壬)		정인 (癸)	장인, 생모, 외숙, 생모 이모, 증손녀
형제, 자매, 자부, 고조모, 처남의 딸	겁재 (乙)	(甲) 日柱	비견 (甲)	형제, 친구, 딸의 시모 자매
외조부, 외숙모 손녀, 생남	(丁) 상관		(丙) 식신	손자, 조모 장모, 사위 생남, 생질
숙부, 부, 처, 처형제 고모, 형제수 누이의 처남	정재 (己)		편재 (戊)	고모, 처형제 첩, 형제수 숙부, 부

육신 기준표 여자

자부, 시형
증조모 (庚)
편부
(편관)

(辛) 시동생, 시누이
정부, 자부
자부의 형제
(정관)

손자, 사위
시조부, 조부 (壬) 편인
편모, 사위형제

정인 (癸) 사위의 누이
손녀, 사위
생모

형제, 자매,
아들의 장인
시부, 동서간 (乙) 겁재
남편의 첩

(甲)

비견 (甲) 형제, 자매
시부, 시숙
동서간

日柱

외조부, 외숙모
아들, 딸 (丁) 상관

식신 (丙) 증조부
아들, 손자의 첩
딸, 시누이의 부

백부, 부
시조부
시외숙, 시이모 (己) 정재
시조부

편재 (戊) 백부, 부
외손자
오빠의 첩
정 시모

[육신 조견표]

일간 육신	甲	乙	丙	丁	戊	己	庚	辛	壬	癸
비견	甲 寅	乙 卯	丙 巳	丁 午	戊 辰 戌	己 丑 未	庚 申	辛 酉	壬 亥	癸 子
겁재	乙 卯	甲 寅	丁 午	丙 巳	己 丑 未	戊 辰 戌	辛 酉	庚 申	癸 子	壬 亥
식신	丙 巳	丁 午	戊 辰 戌	己 丑 未	庚 申	辛 酉	壬 亥	癸 子	甲 寅	乙 卯
상관	丁 午	丙 巳	己 丑 未	戊 辰 戌	辛 酉	庚 申	癸 子	壬 亥	乙 卯	甲 寅
편재	戊 辰 戌	己 丑 未	庚 申	辛 酉	壬 亥	癸 子	甲 寅	乙 卯	丙 巳	丁 午
정재	己 丑 未	戊 辰 戌	辛 酉	庚 申	癸 子	壬 亥	乙 卯	甲 寅	丁 午	丙 巳
편관	庚 申	辛 酉	壬 亥	癸 子	甲 寅	乙 卯	丙 巳	丁 午	戊 辰 戌	己 丑 未
정관	辛 酉	庚 申	癸 子	壬 亥	乙 卯	甲 寅	丁 午	丙 巳	己 丑 未	戊 辰 戌
편인	壬 亥	癸 子	甲 寅	乙 卯	丙 巳	丁 午	戊 辰 戌	己 丑 未	庚 申	辛 酉
정인	癸 子	壬 亥	乙 卯	甲 寅	丁 午	丙 巳	己 丑 未	戊 辰 戌	辛 酉	庚 申

[육친(六親) 관계]

육친	성	가족관계	기타
비견	남	형제자매, 며느리, 딸의 시모	친구, 직장동료, 라이벌
	여	형제자매, 시숙부, 고모,	친구, 직장동료, 라이벌
겁재	남	이복형제자매, 조카, 며느리, 고조모, 처남의 딸	친구, 동료, 동업실패
	여	이복형제자매, 시부, 시고모, 숙부, 남편의 첩, 동서간,	친구, 동료, 동업실패
식신	남	장모, 손자, 손녀, 사위, 조모, 조카	누기(漏氣), 자선사업
	여	증조부, 딸(아들), 시누이의 부	누기(漏氣), 자선사업
상관	남	외조부, 외숙모, 조모, 손녀, 조카	도식(倒植),부하(部下)
	여	아들(딸), 조모, 조부, 외숙모	도식(倒植),손해(損害)
편재	남	부(父), 숙부, 고모,형, 재수, 누이의 시모, 처첩	횡재, 투기, 운용재산, 여자
	여	부(父), 편백부, 시외숙,	횡재, 투기, 운용재산
정재	남	부(父), 처, 형, 제수, 누이의 처남, 숙부,누이의 시모,고모	고정수입, 재산의 축적
	여	부(父), 정백부, 시외숙	고정수입, 재산의 축적
편관	남	자식(아들), 매부(妹夫), 조카, 질녀, 외조모	횡액, 도둑, 칠살, 관재수
	여	편부, 시동서, 증조모, 외조모	횡액, 도둑, 칠살, 관재수
정관	남	자식(딸), 매부, 조카, 질녀, 증조모,	관직, 요직(要職)
	여	남편, 자부, 시누이, 시동생	관직, 요직(要職)
편인	남	편모, 조부, 이모, 생모	재능, 전문분야
	여	편모, 손자, 조부, 사위, 시조모	재능, 전문분야
정인	남	생모, 장인, 외숙, 증손녀	지성(知性)
	여	생모, 손녀, 사위의 누이, 사위	지성(知性)

※ 육친(六親)과 육신(六神)

육친은 본인을 중심으로 한 인간관계를 설명할 때 쓰이는 용어로서, 주요 육친으로는 부모형제(父母兄弟), 처자(妻子) 등이 있다.

육신은 오행이 음양으로 각각 나누어져 있는데, 비견|겁재, 식신|상관, 편재|정재, 편관|정관, 편인|정인 등의 10가지 특성을 나타내는데 이것을 십신(十神) 또는 십성(十星)이라고 한다. 비견과 겁재는 격을 이루지 못하여 제외하면 편인과 인수, 편재와 정재는 서로 작용이 같아서 인성과 재성으로 통일한다.

그래서 정인과 편인을 합해서 인성이라고 부르게 되고 정재와 편재를 합해서 재성이라고 하며, 식신과 상관을 합해서 식상이라고 부르며, 정관과 편관을 합해서 관성이라고 부르게 되고, 비견과 겁재를 합해서 비겁이라고 부르게 된다.

이것은 사주용어상 통상 쓰이게 되므로 중급과 고급 서적에서 흔히 쓰이는 용어이므로 참고로 알아두는 것이 좋다. 그래서 인성(印星), 재성(財星), 식신(食神), 상관(傷官), 정관(正官), 편관(偏官)을 가리켜 육신이라 하게 된다.

[육친 관계 표]

구분		남자	여자
관성(官星)	편관	아들	편부(偏夫)
	정관	딸	정부(正夫)
인성(印星)	편인	편모	편모
	정인	생모	생모
비겁(比劫)	비견	형제자매	형제자매
	겁재	이복형제자매	이복형제자매
식상(食傷)	식신	장모	딸
	상관	조모	아들
재성(財星)	편재	아버지	정시모
	정재	부인, 여자	편시모

※ 사주에서 육신(六神)이란 본인의 신(身)을 말하는 것이고, 육친(六親)이란 본인과 주변의 인척관계 또는 인맥을 뜻하는 용어이다.

[표 1] 육신 사주 예

시주	일주	월주	년주	구분
辛	甲	辛	甲	천간
정관	본인	정관	비견	육신
未	戌	未	午	지지
정재	편재	정재	상관	육신

[표 2] 육신 사주 예

시주	일주	월주	년주	구분
己	乙	庚	辛	천간
비견	본인	정관	편관	육신
卯	巳	寅	丑	지지
비견	상관	겁재	편재	육신

[표 3] 육신 사주 예

시주	일주	월주	년주	구분
甲	丙	庚	辛	천간
편인	본인	편재	정재	육신
午	巳	寅	丑	지지
편재	비견	편인	상관	육신

[표 4] 육신 사주 예

시주	일주	월주	년주	구분
癸	丁	庚	乙	천간
식신	본인	정재	편인	육신
卯	未	寅	丑	지지
편인	식신	인수	식신	육신

※ 일간이 본인인데 사주 내에 본인과의 상호관계를 분석하여 이해득실을 따져 보게 된다.

[표 5] 육신 사주 예

시주	일주	월주	년주	구분
乙	戊	庚	癸	천간
정관	본인	식신	정재	육신
卯	申	寅	丑	지지
정관	식신	편관	겁재	육신

[표 6] 육신 사주 예

시주	일주	월주	년주	구분
壬	己	壬	辛	천간
편관	본인	정재	식신	육신
申	巳	申	亥	지지
상관	인수	상관	정재	육신

[표 7] 육신 사주 예

시주	일주	월주	년주	구분
壬	庚	己	丙	천간
식신	본인	인수	편관	육신
午	寅	巳	午	지지
비견	편재	편관	정관	육신

[표 8] 육신 사주 예

시주	일주	월주	년주	구분
乙	辛	庚	丁	천간
편재	본인	겁재	편관	육신
未	亥	寅	卯	지지
편인	상관	정재	편재	육신

일간을 설기하는 오행이 많다.

[표 1] 육신 사주 예

시주	일주	월주	년주	구분
甲	辛	癸	乙	천간
정재	본인	식신	편재	육신
午	巳	未	酉	지지
편관	정관	편인	비견	육신

이 사주는 일간이 辛金이다. 월지에 未土가 있고 일지에 巳火로서 관성(官星)을 만났으니 매우 신약하다. 월간에 癸水가 식신이고 월지에 未土는 편인으로서 나를 도와주는 세력보다는 나의 힘을 설기하고 극하는 세력이 더욱 많다.

나를 극하는 관계 또는 나를 설기하는 오행도 때에 따라서는 꼭 있어야 한다. 그러나 사주는 일간을 중심으로 보기 때문에 일간을 도와주는 세력이 많을 경우에는 일간이 강하게 되는 것이고, 반대로 일간을 극하거나 일간을 설기해 가는 세력이 많으면 일간인 신이 극도로 허약해지게 되는 것이다.

인수가 많아서 신강하다.

[표 2] 육신 사주 예

시주	일주	월주	년주	구분
戊	丁	乙	戊	천간
상관	본인	편인	상관	육신
申	巳	卯	寅	지지
정재	겁재	편인	인수	육신

이 사주는 丁巳 일주로서 일간 丁火가 월간 乙木이 편인의 도움을 받아서 나를 돕는 식구가 더욱 많은 것이다. 내가 丁火인데 월주가 모두 木의 편인으로서 목생화(木生火)로 생을 받게 됨므로써 월지를 얻었다고 하는 것이다.

그리고 년지도 寅木이 되므로 정인이다. 그러므로 이 사주는 나를 도와주는 세력이 많다고 볼 수 있다. 그리고 일지도 巳火의 같은 火로서 나를 돕게 되는 것이다. 사주의 구성이 이렇게 되면 신이 강하다고 보는 것이다. 사주는 일차적으로 신이 강해야 한다. 그것은 사람으로 비유하면 건강하다는 뜻이다. 사람도 몸이 건강해야 일을 해도 재미를 느끼게 되는 것과 같은 이치이다.

월지 인수가 일간을 돕는다.

[표 3] 육신 사주 예

시주	일주	월주	년주	구분
辛	乙	丁	庚	천간
편관	본인	식신	정관	육신
未	未	亥	辰	지지
편재	편재	인수	정재	육신

이 사주는 乙未 일주로서 일간 乙木이 본인인데 일지 未土에 뿌리를 박았으나 월간의 丁火가 식신이 되어서 불안하다. 다행히 월지에 亥水의 인수가 일간을 돕고 있다. 나를 수생목(水生木)으로 돕고 있으니 천만다행이다. 사주에서는 제일 먼저 나를 도와주는 세력이 얼마나 되는지, 나의 힘을 빼앗아가는 세력이 얼마나 되는지를 잘 판단하는 것이 중요하다.

그런데 이 사주는 乙木의 일간이 약하기는 해도 월지·일지·시지가 亥未의 목국이 반합이 되어서 일간 乙木을 도와주고 있다. 그래서 신이 크게 약하다고 보지 않는다. 그리고 대운과 세운에서 卯木이 들어오게 되면 亥卯未의 목국으로 완전한 삼합이 이루어지게 되므로 木의 제왕이 되어서 乙木인 일간이 더욱 강하게 되는 것이다.

일간을 돕는 오행과 설기하는 오행이 균등하다.

[표 4] 육신 사주 예

시주	일주	월주	년주	구분
庚	丙	壬	辛	천간
편재	본인	편관	정재	육신
寅	申	寅	巳	지지
편인	편재	편인	비견	육신

이 사주는 丙申 일주이다. 일간 丙火는 월지에 寅木의 편인이 있어서 목생화(木生火)로서 신을 도와주고 있고, 시지에도 편인이 있으므로 나를 돕고 있다. 하지만 월간에 편관이 있어서 위협적인 존재이다. 본인이 丙火로 타고났는데, 바로 옆에 있는 월간이 壬水이므로 수극화(水剋火)로서 두려워하는 오행이다. 壬水는 편관으로서 연간에 辛金이 금생수(金生水)로 돕고 있어서 강하다고 보는 것이다. 그러나 丙火도 역시 월지에 寅木이 목생화(木生火)로 생을 해 주게

되어서 강하기는 하나, 일지와 시간에 庚金이 재가 되어서 힘을 빼앗아가는 실정이지만, 시지에 寅이 생을 해 주게 되어서 신이 약하다고 할 수는 없다.

인성이 많아서 신이 태왕하다.

[표 5] 육신 사주 예

시주	일주	월주	년주	구분
己	甲	壬	壬	천간
정재	본인	편인	편인	육신
巳	寅	子	辰	지지
식신	비견	인수	편재	육신

이 사주는 甲寅 일주이다. 일간에 甲木은 지지가 비견인 寅木이 되어서 도와주고 있고 연간에 壬水와 월간에 壬水, 월지에 子水가 전체적으로 인성(印星)이 됨으로써 수생목(水生木)이 되어서 일간이 너무 왕하다고 보는 것이다. 사람으로 비유하면 체구에 비해서 음식이 너무 많은 것이다. 아무리 많은 음식이라도 과식을 하게 되면 이것은 건강에 좋지 못하다. 사주 또한 이와 다를 바가 없다. 인수가 많은

것이 병(病)이라 할 수 있다. 木이 왕하면 火가 적당히 있어서 목생화(木生火)로 설기를 해야 한다. 그런데 이 사주는 水와 木이 왕한 만큼 火가 약하다고 보는 것이다.

편관이 많아서 관살(官殺)로 작용한다.

[표 6] 육신 사주 예

시주	일주	월주	년주	구분
戊	己	癸	丁	천간
겁재	본인	편재	편인	육신
辰	卯	卯	酉	지지
겁재	편관	편관	식신	육신

이 사주는 己卯 일주이다. 일간이 己土로서 일지에 卯木이 편관을 깔고 앉아 있으므로 매우 위협적이다. 그나마 년주에 丁火의 편인이 돕고 있는데, 나를 극하는 卯木 편관이 쌍립이 세워져 있으므로 관살(官殺)이 될 수 있다.

나를 극하는 오행을 사주용어상 관성(官星)이라 하게 되는데, 이 사주는 월·지 일지에 있는 卯木이 목극토(木剋土)로서 나를 극하고 있으므로 일간을 위협하는 살성으로 변한다는 뜻이다. 나를 생해서 도와주는 오행은 연간에 丁火 밖에 없으므로 이 사주는 신이 매우 약하다고 보는 것이다.

인수가 양쪽에 있어서 신강하다.

[표 7] 육신 사주 예

시주	일주	월주	년주	구분
甲	丁	乙	己	천간
정인	본인	편인	식신	육신
辰	酉	亥	亥	지지
상관	편재	정관	정관	육신

이 사주는 丁酉 일주이다. 丁火 일간이 월간 乙木에 편인이 있고 시간에 정인인 甲木이 있으니 인수가 양쪽에 버티고 있으므로 신이 매우 튼튼하다. 일지에 편재 酉金을 깔고 앉아서 재물을 많이 모을 수 가 있는 사주이다. 사주 내에서 재(財)란 내가 극하는 오행을 두고 하는 말인데, 남자 사주에서 재는 재물과 여자를 뜻한다. 사주에서 재가 많고 또 일지(日支)에 깔고 앉게 되면 처 덕이 있다 하여 현모양처(賢母良妻)이다. 그러나 년지 월지에 亥水의 정관은 丁火로

서는 우선 달갑지가 않다. 水·火는 극이 되기 때문이다. 주에서 월지에는 나를 생해주는 인성(印星) 내지는 아(我)와 같은 오행이 있는 것을 원하고 있다.

일지에 비견이 있어서 신강하다.

[표 8] 육신 사주 예

시주	일주	월주	년주	구분
戊	甲	癸	己	천간
편재	본인	인수	정재	육신
辰	寅	丑	丑	지지
편재	비견	정재	정재	육신

이 사주는 甲木 일주에 정인인 癸水가 있고 월지에는 丑土인 정재가 있어 신이 왕하다. 그것은 일지에 비견인 寅木이 있기 때문이다. 일지가 같은 木이 있으니 일간인 甲木이 왕하게 된다. 그런데 사주는 신이 너무 왕해도 좋지가 못하고 신인·일간이 너무나 약해도 좋지 않다. 그래서 중간 정도가 적당한 것이 제일 좋다고 보는 것이다.

그리고 이 사주는 월지에 丑土가 정재이고 년지에도 꼭

같은 丑土가 정재이다. 그래서 丑土는 12월달에 해당이 되므로 사주가 너무 차서 이럴 때에는 식신·상관인 火가 있어야 좋은데 사주 내에 火가 없다. 그래서 사주는 오행이 골고루 있는 것을 원하고 있다.

식신이 많아서 신약이다.

[표 9] 육신 사주 예

시주	일주	월주	년주	구분
丙	己	辛	癸	천간
인수	본인	식신	편재	육신
寅	卯	酉	酉	지지
정관	편관	식신	식신	육신

이 사주는 己卯 일주이다. 일간인 己土가 너무 허약하여 혼자 힘으로는 버티어 내기가 힘들다. 내가 생을 해 주어야 하는 식신이 3개씩이나 있어서 金이 너무 많은데다 시간에 丙火의 인수 1개만이 나를 도와주고 있다.

사람이 건강해야 되듯이 사주 또한 신이 강해야 한다. 그래서 내가 생해야 하는 식신이나 상관의 숫자만큼 나를 생해 주는 인수도 비슷하게 있어서 균형이 맞아야 사주 구성을 길하게 보는 것이다.

관이 많아서 신약하다.

[표 10] 육신 사주 예

시주	일주	월주	년주	구분
戊	乙	庚	庚	천간
정재	본인	정관	정관	육신
寅	亥	辰	寅	지지
겁재	인수	정재	겁재	육신

이 사주는 乙亥 일주로서 일간인 乙木은 매우 신약하다. 사주가 신약해서 불리하면 피신할 방법밖에는 도리가 없다. 그래서 월간 庚金으로 乙庚合金으로 하여 가버리는 격이다. 사주 내에서 천간이 합을 하는 경우가 이러한 경우이다. 본인이 너무 허약한데 주변에 관성(官星)이 강하게 되면 아예 그 쪽으로 합으로 가는 것이다. 사람도 예외가 아니다. 작은 업체가 부실하여 수확을 내지 못하면 문을 닫고 아예 큰 회사로 취직을 해서 월급을 타는 것과 다를 바가 없다.

인수와 비견이 있어서 신이 태왕하다.

[표 11] 육신 사주 예

시주	일주	월주	년주	구분
辛	壬	壬	丁	천간
인수	본인	비견	정재	육신
丑	申	寅	卯	지지
정관	편인	식신	상관	육신

이 사주는 壬申 일주이다. 일간인 壬水가 왕하여 매우 신강한 사주이다. 일지가 편인인 申金이고 천간에 辛金인 정인이 있어서 금생수(金生水)로서 신을 돕게 된다. 설상가상(雪上加霜)으로 월간에 壬水가 비견이 됨으로써 사주에 신이 너무나 왕하게 되었다. 사주는 일간이 너무 태왕해도 좋지 못하다는 것이다. 일간이 너무나 세력이 왕하게 되면 상대적으로 타 오행이 힘을 쓰지 못하게 되므로 무엇이든지 중도를 지키지 못하게 된다. 사주 내에서 火와 土가 약하여 일간과 월간이 활개를 치고 있다. 이러한 사주의 예를 보더라도 오행이 골고루 있는 것이 가장 좋다.

양쪽에 정관이 있어서 나를 위협한다.

[표 12] 육신 사주 예

시주	일주	월주	년주	구분
辛	甲	辛	甲	천간
정관	본인	정관	비견	육신
未	戌	未	午	지지
정재	편재	정재	상관	육신

이 사주는 甲戌 일주이다. 일간인 甲木은 일지에 戌土의 재성(財星)을 깔고 앉아 있어서 좋으나, 나를 돕는 인수 내지는 편인이 없고 그나마 양쪽에 정관을 끼고 있어서 매우 좋지 못하다.

내가 甲木으로서 나에게 필요한 오행은 인수인데 사주 내에서 인수인 水는 없고 金만이 양쪽에 버티고 서 있으니 金은 甲木에게 관성됨으로써 나를 위협하고 있다. 그리고 천간 오행이 甲木이 2개이고 辛金이 2개이다. 이렇게 되면 金과 木이 금극목(金剋木)으로 상극이 되어서 매우 좋지 못한 관계이다. 이러한 사주는 水가 들어와서 金의 힘을 설기하고 甲木을 생해 주는 중재역할이 필요하다.

양쪽에 상관이 있어서 신약이다.

[표 13] 육신 사주 예

시주	일주	월주	년주	구분
壬	辛	壬	壬	천간
상관	본인	상관	상관	육신
辰	卯	寅	寅	지지
인수	편재	정재	정재	육신

이 사주는 辛卯 일주이다. 일간인 辛金은 매우 외롭다. 양쪽에 시간과 월간에 상관이 버티고 있어서 마치 금속이 물속에 잠긴 형태가 되어서 좋지 못하다. 다행히 시지에 辰土의 인수가 있어서 도움을 받게 된다. 내가 辛金이므로 나를 도와주는 세력인 인수 토생금(土生金)을 하는 것이다.

壬水에 상관은 내가 생해주어야 할 오행이고 지지에 寅木 卯木은 편재와 정재로서 내가 극을 하는 금극목(金剋木)의 관계이다. 그렇다면 辛金의 기운이 얼마나 약한지 판가름할 수 있을 것이다.

[육신과 음양]

육신(六神) 관계	육 신	음 양
아비자(我比者) 나와 동일한 오행	비견(比肩)	같다.
	겁재(劫財)	다르다.
아생자(我生者) 내가 생하는 오행	식신(食神)	같다.
	상관(傷官)	다르다.
아극자(我剋者) 내가 극하는 오행	편재(偏財)	같다.
	정재(正財)	다르다.
극아자(剋我者) 나를 극하는 오행	편관(偏官)	같다.
	정관(正官)	다르다.
생아자(生我者) 나를 생하는 오행	편인(偏印)	같다.
	정인(正印)	다르다.

비견(比肩)과 겁재(劫財)

이 비견과 겁재는 나와 오행이 같은 세력을 일컫는 말이다. 다만, 비견은 오행도 같고 음양도 같다는 반면에 겁재는 오행은 같은데 음양이 다른 것을 뜻함이다.

정재나 정관의 경우에는 음양이 다르므로 좋게 보는 것인데, 이 비견과 겁재는 그 성격이 다르다.

예를 들면 비견은 나와 모든 면에서 똑같고 성격도 비슷하기 때문에 서로 이해할 수 있지만, 겁재란 그렇지가 못하다. 겁재가 있게 되면 그 겁재는 자기 배만 부르면 된다는 식이다.

가령 부모에게 물려 받은 재산이 조금 있는데, 비견이나 겁재가 많으면 서로가 재산을 차지하려고 할 것이다. 비견은 그래도 반반씩을 나눠갖기를 원하겠지만 겁재는 다르다. 자기가 재산을 모두 가지려는 속성이 있다. 그래서 사주 내에서는 겁탈자로 보는 것이 이 겁재이다.

그렇다고 비견이나 겁재가 모두 나쁘기만 한 것은 아니다. 때로는 도움이 될 때가 있다. 가령 자기 집안에서는 싸우고 왈가왈부(曰可曰否)할 적에는 불편한 관계인데, 내가 다른 세력에게 쫓긴다던지 싸움판이 일어났을 때에는 나의 편이 되어 주는 것이다.

같은 동족이고 같은 형제이므로 시급하면 내 곁에서 나의 편이 되어 주는 것이니만큼 비견과 겁재도 사주 내에서 신이 얼마나 강한지 또는 약한지에 따라서 좋고 나쁜 것이 확연하게 드러나게 된다.

내가 신이 강할 때에는 비견이나 겁재가 하등의 필요가 없다. 오히려 방해만 되는 것이다. 그러나 내가 신이 약할 때에는 그래도 비견이나 겁재가 곁에서 편을 들어줌으로써 커다란 도움이 된다는 것을 알고 사주를 판단함에 있어 참고하길 바란다.

그러므로 사주를 판단할 때 사주의 원국의 구성에서 신이 얼마나 강한지 또는 약한지를 잘 판단하는 것이 중요하다.

비견 겁재가 많아서 실속이 없다.

[표 1] 비견 겁재 사주 예

시주	일주	월주	년주	구분
乙	己	戊	辛	천간
비견	본인	겁재	식신	육신
丑	亥	子	巳	지지
비견	정재	편재	인수	육신

이 사주는 己亥 일주이다. 일간이 己土인데 시주가 己丑으로서 비견이다. 월간이 戊土이므로 겁재가 된다.

나를 돕는 인수는 년지에 멀리 巳火 하나 뿐인데 생을 받을 오행은 비견과 겁재 그리고 본인과 합을 하면 4개씩이나 된다. 사주의 오행이 세(勢)는 많은데 허(虛)하다고 보는 것이다.

밥 달라고 보채는 자식들은 많은데 양식이 부족한 것이나 다를 바 없다. 비록 이 사주에서 土 오행이 여러 개가 있다고는 하지만, 土를 생해주는 인수가 부족하여 실속이 없다고 보는 것이다.

비견이 많아서 사람 귀한 줄 모른다.

[표 2] 비견 겁재 사주 예

시주	일주	월주	년주	구분
戊	己	庚	己	천간
겁재	본인	상관	비견	육신
辰	丑	午	丑	지지
겁재	비견	편인	비견	육신

이 사주는 己丑 일주이다. 일지가 丑土로서 비견이고 시주가 戊辰으로서 겁재이다. 그리고 년주 또한 己丑으로 비견이다.

사주는 8자밖에 없는데 土가 6개나 되고 보니 타 오행이 발을 붙일 곳이 없다. 사주가 이렇게 되면 화복을 길게 논할 것도 없다. 오행의 기초편에서 土에 대한 성격만 잘 이해하면 된다. 오행에서 土는 땅을 의미하므로 사주 내에 土가 많으면 土는 조용하고 말이 없으며 과묵하고 자기만이 간직하고 있는 비밀이 많고 사람이 귀한 줄 모르게 된다.

신약이 되어서 겁재의 도움을 받는다.

[표 3] 년지 시지 겁재 사주 예

시주	일주	월주	년주	구분
甲	丙	癸	戊	천간
편인	본인	정관	식신	육신
午	戌	亥	午	지지
겁재	식신	편관	겁재	육신

이 사주는 일주가 丙戌이다. 년지에 午火와 시지에 午火는 겁재가 되고 월주가 癸亥의 水가 됨으로써 일간 丙火에게 관성(官星)이 된다.

일간이 약하면 관성인 水 오행에 氣가 눌려서 못살게 되는데, 겁재가 멀리 떨어져 있어도 도움이 되고 있고 시간에 甲木이 인수가 되어 큰 도움이 된다.

가령 이 사주는 월주가 癸亥가 되어 신이 왕하다고 할 수 없으므로 비견이나 겁재가 오히려 도움이 된다. 그러나 반대로 일간이 왕하게 되면 비견이나 겁재는 오히려 방해세력이 될 수 있다.

비견과 겁재가 많아서 신이 태왕하다.

[표 4] 비견 겁재 사주 예

시주	일주	월주	년주	구분
壬	壬	戊	壬	천간
비견	본인	편관	비견	육신
子	辰	子	子	지지
겁재	편관	겁재	겁재	육신

이 사주는 壬辰 일주이다. 월간에 戊土와 일지에 辰土가 나를 극하는 편관이다. 그러나 사주에서 비견과 겁재가 많으므로 일간이 왕한 사주다. 특히 년지와 월지가 子水가 되므로 水가 태왕하다. 이러한 경우에는 많은 水를 제거하는 것이 불가능하다. 水를 제거하려면 사주에서 또는 대운이나 세운에서 관성인 土가 들어와서 토극수(土剋水)를 해주어야 하는데, 편관이 아무리 많아도 이 많은 물(水)을 감당하기 힘들다. 큰 강물이 홍수가 나서 많은 물이 흘러내리는데 산더미를 가져다 놓는다 해도 떠내려가고 마는 것이다. 그래서 이러한 경우에는 사주에서 표현하기를 비견과 겁재가 너무 많아서 그 세력이 사주를 장악하고 있으므로 그 장악하고 있는 세력과 합쳐서 융화를 하는 편이 더 현명하다는 것이다.

식신(食神)과 상관(傷官)

사주에서 이 식신이나 상관은 내가 생(生)해 주는 세력이다. 내가 어머니라면 자식을 두고 식신이나 상관이라고 말하는 것이다.

인수나 편인이 나의 어머니이고 나를 먹여 살리는 세력이라면 이 식신이나 상관은 반대로 내가 젖을 주고 먹여 살리는 것을 의미한다.

그렇다면 나의 자식에게는 용돈도 주고 공부도 시켜주고 먹이고 입혀서 길러주듯이, 모든 뒷바라지를 다 해주는 입장이므로 내가 가진 모든 것을 주는 것이다.

그렇다고 보면 상관이나 식신은 정재|편재 그리고 정관|편관과는 개념이 약간 다르다. 상관은 오행과 음양이 모두 다른데 비해 식신은 오행이 다르고 음양이 같다.

그래서 사주 내에서 상관과 식신이 너무 많게 되면 가난한 살림에 자녀를 많이 둔 것과 다를 바가 없다. 그러나 이 식신과 상관이 사주 내에 하나도 없다면 이것도 문제이다. 음식을 잔뜩 먹고 배설을 하지 못하는 격이다. 그래서 오행이 사주 내에서 골고루 적당히 있어야만 되는 것이 순행의 이치이다. 음양오행에서는 무엇이든지 너무 많으면 설기하여 힘을 빼주는 것이 좋고, 너무 적으면 세력을 보태어 힘을 실어주는 조절 역할이 필요한 만큼 적당한 오행이 필요하므로, 사주를 판독함에 있어서 소홀함이 없이 골고루 배열이 되어 있는지를 잘 살피는 지혜가 필요하다.

사주의 구성조건에서는 내가 받은 것만큼 자손에게 되돌려 주어야 하는 것이니, 편인과 정인에게 받은 만큼 식신과 상관에게 돌려줌으로써 순행하게 되는 경우이다. 이러한 점은 앞으로 사주를 공부함에 있어서 꼭 기억해 두는 것이 좋다.

신약에 식신 · 관(官) – 관재구설수다.

[표 1] 식신의 사주 예

시주	일주	월주	년주	구분
辛	丁	癸	丁	천간
편재	본인	편관	비견	육신
亥	未	丑	酉	지지
정관	식신	식신	편재	육신

이 사주는 丁未 일주이다. 일지가 未土이므로 식신이고 월지 또한 丑土이므로 식신이다. 식신이란 내가 생해 주어야 하는 오행이므로 丁火는 나약한데 식신이 많아서 생을 해 주어야 하므로 신이 너무나 약하다. 사주에서 일간인 火가 약해지므로 건강으로는 심장이 허약해지며 몸이 마르게 된다. 더구나 월간에는 癸水에 편관이 있다. 丁火가 나약한데 편관인 癸水가 옆에 있게 되니 부담이 매우 크다.

편관이나 정관은 신이 강할 때 필요로 하는 것이다. 그런데 일간이 나약한데 편관과 정관이 있다면 필히 관재구설수가 따르게 된다.

월간 · 시간에 식신 · 상관 – 부모자식 덕이 없다.

[표 2] 상관의 사주 예

시주	일주	월주	년주	구분
庚	己	庚	乙	천간
식신	본인	상관	편관	육신
午	亥	辰	巳	지지
편인	정재	겁재	인수	육신

이 사주는 己亥 일주이다. 일간이 己土인데 월간과 시간이 庚辛金에 상관|식신이다. 월간은 부모 궁인데 己土가 庚金에게 생해주어야 하니 부모덕이 없고, 시간은 자식 궁으로 식신이 되어서 내가 생해 주어야 하니 자식 덕도 없게 되었다.

사주가 이렇게 위아래로 내가 도와주어야 하는 세력이 있어서 정작 본인은 외롭고 고독하다.

그런데 다행한 것은 월지가 辰土가 있어서 도움이 되고, 시지에 午火에 인수가 있어서 화생토(火生土)로 일간에게 도움이 되고 있다.

일지 · 식신 – 위장병 환자다.

[표 3] 식신의 사주 예

시주	일주	월주	년주	구분
辛	壬	甲	辛	천간
정인	본인	식신	정인	육신
丑	寅	午	巳	지지
정관	식신	정재	편재	육신

이 사주는 壬寅 일주이다. 일지 寅木은 나에게는 식신이다. 월간 甲木도 역시 식신이다. 식신은 내가 생해주어야 하는 관계이다.

월간에 甲木과 일지에 寅木이 식신으로서 일간이 생을 해주어야 하는데, 정작 내가 생을 받는 곳은 연간에 辛金이 있기는 하나 거리가 너무 멀고 시간에 辛金이 나를 생해 주는 정인이다.

사주에서 土가 약하여 위장병이 있게 되고 말년에는 자식 덕으로 그럭저럭 살아가게 된다. 그것은 시간에 辛金에 정인이 있기 때문이다. 이러한 사주는 노년으로 갈수록 식복이 들어오게 된다.

편재(偏財)와 정재(正財)

편재와 정재는 내가 극하는 오행의 세력을 말한다. 음양오행에서는 나를 극하는 세력이 있는가 하면, 내가 극하고 내가 이기는 세력이 있는데 이것을 편재와 정재라 부른다. 이것을 모두 합해서 재성(財星)이라고도 부르는데, 편재는 나와 오행이 다르고 음양이 같은 것을 말하며, 정재는 오행도 다르고 음양도 다른 것을 말한다. 남자에게 이 편재나 정재는 재물과 여자에 해당한다. 내가 다스리는 세력이니까 내가 다스리고 관리하는 만큼 재물도 얻게 된다. 남자 사주에서 재는 처와 재물에 해당이 된다.

누구나 사주 내에서 재성이 꼭 필요하다. 나를 극하는 세력만 있고 내가 극하는 이 재가 없게 되면 그야말로 사주가 볼품이 없게 되는 것이다.

내가 가질 재산과 배우자가 없는데 가정이 온전할 리가 없다. 그렇다고 재가 너무 많으면 괜히 우쭐대고 타인의 여자를 넘보게 되고 과시하고 필요 없는 낭비를 하게 된다.

남자의 사주에서 재가 많으면 주변에 여자가 많은 것이 특징이다. 그리고 편재와 정재가 다른 점은, 편재는 나와 오행이 다르지만 같은 음양을 가졌기 때문에 동질성을 가지고 있다는 것이다. 그러나 정재는 오행도 다르고 음양도 다르기 때문에 재로서는 완전한 재이다.

그러나 사주 내에서 정재를 재격으로 보기는 하지만, 이것 또한 사주의 구성에 따라서 달라지는 것이다. 가령 나를 뜻하는 일간이 허약한데 편재나 정재가 너무 많으면 이것을 보고 재다신약(財多身弱)이라고 하게 된다. 재물과 여자가 아무리 많아도 본인이 허약하여 다스리지를 못하면 소용이 없다.

그러나 신이 강한 신강사주 구성이라면 이것은 크게 발복하게 되는 것이다. 그리고 신왕한데 편재나 정재가 없다면 이것 또한 허망한 것이다. 나의 재능은 많은데 재물과 여자가 따라주지를 않는 것이다. 기타 사주 내에 재성이 없으면 이 사주는 허울만 좋을 뿐 실속이 없게 되는 경우이다. 그래서 사주를 판독함에 있어서 이러한 점을 염두 해두는 것이 좋으며, 처음부터 소홀함이 없도록 하는 것이 중요하고 너무 많은 것을 알려고 할 필요는 없다. 쉬운 것부터 하나하나 풀어보는 지혜가 필요하다.

일지 · 편재 〔신약〕 – 가난하다.

[표 1] 일지 편재 사주 예

시주	일주	월주	년주	구분
壬	辛	壬	壬	천간
상관	본인	상관	상관	육신
辰	卯	寅	寅	지지
인수	편재	정재	정재	육신

이 사주는 일주가 辛卯이다. 일지 卯木이 편재가 되고 년지 · 월지 · 지지가 寅木으로 정재이다. 사주가 일간이 나약한데 편재와 정재가 왕하여 재는 많으나 신이 허약하여 재다신약(財多身弱)이다. 한마디로 말해서 재물과 여자가 즐비한데 본인이 병약해서 다스리지 못하고 있는 것이다.

사주에서는 본인의 신이 강할 것을 첫째로 하고 그 다음에는 재가 필요하고 관이 필요한 것이다. 신이 허약한데 식신이나 상관이 많고 재가 많다면 이것은 몸이 허약한데 벌어서 먹여 살려야 하는 식솔이 많은 것으로서 일을 다 처리해 나가지 못하는 격이 된다.

일지 · 시간 · 편재 〔신약〕 – 무용지물이다.

[표 2] 일지 시간 편재 사주 예

시주	일주	월주	년주	구분
辛	甲	辛	甲	천간
정관	본인	정관	비견	육신
未	戌	未	午	지지
정재	편재	정재	상관	육신

이 사주는 일주가 甲戌이다. 일지에 戌土에 편재를 깔고 앉았고 월지와 시지도 정재이다. 인수가 사주 내에 있어서 甲木을 왕하게 하지 못하는 것이 안타깝다. 사주에서 재성이 있으면 그 재를 다스릴 힘이 있어야 하는데, 일간의 양옆에는 정관인 辛金이 버티고 있으니 이것은 적반하장(賊反荷杖)이다. 사주가 신이 허약하다면 매사가 무용지물(無用之物)이 된다. 예를 들어 천하 황제가 되어도 몸이 병약하면 무슨 소용이 있을까? 남자 사주에서 재란 재물과 여자를 뜻하는데, 병약한 사람에게 많은 농사를 맡긴다 하더라도 그 농사를 다 지어서 곡식을 수확할 수 있을지 의문이다.

일지 · 편재 〔신강〕 – 처복이 있다.

[표 3] 일지 시간 편재 사주 예

시주	일주	월주	년주	구분
庚	丙	壬	辛	천간
편재	본인	편관	정재	육신
寅	申	寅	巳	지지
편인	편재	편인	비견	육신

이 사주는 丙申 일주이다. 일지에 申金의 편재가 있고 시간에 庚金 역시 편재이다.

월지에 寅木에 인성이 있어서 신(身)을 적극적으로 도와주고 있고 일지에 申金은 재성이 되어 일간이 재를 깔고 앉았다고 하게 된다. 남자 사주에서 일지에 재를 깔고 앉게 되면 여자 운과 재물 운을 보게 됨으로써 처복이 있고 재물운이 있다고 본다. 그런데 월간에 壬水가 편관이 되어서 관은 나를 극하는 오행이 되어 크게 부담이 된다. 그래도 이 사주는 나를 도와주는 세력과 나를 극하는 세력이 비슷하다고 볼 수가 있으나, 재인 金도 내가 극을 한다고는 하지만, 결국은 나의 기운을 설기하게 되는 것이다.

년주 · 월주 · 정편재 〔신약〕 – 몸이 허약하다.

[표 4] 정재 편재 사주 예

시주	일주	월주	년주	구분
癸	辛	乙	壬	천간
식신	본인	편재	상관	육신
巳	亥	巳	寅	지지
정관	상관	정관	정재	육신

이 사주는 일간이 辛金인데 월간이 乙木으로 편재이다. 그런데 년지에 寅木은 정재이다. 이 사주도 역시 나를 돕는 인수가 없고 일지에 식신과 상관인 亥水가 있어서 신약한 사주이다. 그래서 어릴 때부터 몸이 허약하여 고생하고, 특히 사주에서 土인 인수가 없어서 위장계통에 병이 많다. 사주는 조금 강한 듯하게 타고 나야 좋게 보는 것이다.

이 사주는 나를 생해주는 土인 인수가 하나도 없는 것이 문제이다. 그런데 나의 기운을 빼앗아가는 水가 많아서 이러한 사주를 보고 신약사주라 하는 것이다. 사주가 신약하다 함은 사람이 몸이 허약한 것이나 다를 바가 없다. 그래서 이 사주는 土인 水가 들어와서 도와주어야 운이 열린다.

편관(偏官)과 정관(正官)

사주 원국에서 가장 꺼려하는 것이 편관과 정관이다. 오행은 내가 극을 하는 세력이 있는가 하면 나를 극하는 세력이 있다.

나를 극하는 쪽에서 보면 내가 재물이고 이용을 당하게 되는 경우이다. 이 편관과 정관을 모두 관성(官星)이라고 한다.

여자 사주에서는 남편을 포함한 모든 남자를 관(官)이라고 한다. 그래서 여자의 사주 운에 관이 들어오게 되면 결혼을 하게 되는 것이다. 그러나 남자의 경우라면 관은 바로 관재구설이나 관살(官殺)을 뜻한다. 그러나 본인의 사주가 신왕하다면 관이 적당하게 있는 것이 오히려 벼슬과 명예를 따르게 한다.

편관과 정관이 있는데 이것은 어느 것이 좋다 나쁘다 하기에는 미미하다.

편관은 오행은 다르고 음양은 같고, 정관은 음양과 오행이 모두 다르다. 즉 나에게는 그나마 음양이 다르므로 정관이 음양의 원칙에 충실하여 좋게 보는 것인데, 내가 허약하여 신약이면 정관이라 할지라도 필요할 것이 없다.

가령 나의 신이 왕할 때에는 정관이 있어서 적당히 극을 해주므로 좋게 보는 것이다. 나의 신이 왕할 때 편관이 들어오게 되면 그리 탐탁치 못하다. 나를 가지고 좌지우지하기 때문에 무엇 하나 내 뜻대로 하지 못하는 것이다. 그래서 편관을 꺼린다. 그나마 내가 신왕할 때에는 관이 들어와서 조종을 해줌으로써 나의 오만함과 독주를 막아주는 역할을 하게 되므로 좋다.

관왕 〔신약〕 – 관재구설수 있다.

[표 1] 편관과 정관 사주 예

시주	일주	월주	년주	구분
壬	丁	丁	乙	천간
정관	본인	비견	편인	육신
子	未	亥	酉	지지
편관	식신	정관	편재	육신

이 사주는 丁未 일주이다. 월지에 亥水가 정관이고 시간에 壬水 또한 정관이다. 하지만 시지에 子水는 편관이 된다.

사주에서 일간이 왕하지도 못한데 관(官)이 3개씩이나 즐비하다면 마땅한 것은 아니다.

사주가 관이 많아서 좋지 못하다고 봐야 한다. 사주 여덟 글자에서 관이 3개씩이나 들어 있으니 보나마나 다른 오행은 상대적으로 적어서 힘을 쓸 수가 없게 된다. 사주에서 일간이 나약한데 관이 많다는 것은 관은 말 그대로 벼슬과 명예 또는 법에 의한 관공서를 말하는 것이다. 그런데 사주에서 신약에 관이 많다는 것은 관재구설수가 따르는 것을 말한다.

월지 · 정관 〔신약〕 – 부모 덕이 없다.

[표 2] 월지 정관 사주 예

시주	일주	월주	년주	구분
庚	丁	己	辛	천간
정재	본인	식신	편재	육신
戌	巳	亥	巳	지지
상관	겁재	정관	겁재	육신

이 사주는 일주가 丁巳이다. 일지가 巳火의 겁재이고 월지가 亥水이므로 정관이다. 그리고 월간에 己土는 식신이 되고 시간에 庚金이 정재가 된다. 사주의 8글자 중에서 보게 되면 나와 비슷한 오행이 3개나 되니까 정관이 1개쯤 있어도 약하게 볼 수 있다. 그러나 亥水가 월지에 있어서 관이 왕한 사주로 판단한다. 월지는 부모 궁이 되어서 어머니가 나를 낳아서 젖을 먹이고 옷을 입혀서 가르치는 나에게는 영향을 제일 많이 끼치므로 월지에 모(母) 궁은 매우 중요한 자리가 된다. 사람이 살아가면서 실제로 아버지보다도 어머니가 자식에게 미치는 영향력이 크게 되어 사주 또한 월지를 잘 타고 나야 하는 것이다. 그런데 월지에 관을 만나서 관의 힘이 강하다고 보는 것이다.

일지 · 정관 〔신약〕 – 공처가이다.

[표 3] 일지 정관 사주 예

시주	일주	월주	년주	구분
己	丁	辛	甲	천간
식신	본인	편재	인수	육신
酉	亥	未	辰	지지
편재	정관	식신	상관	육신

이 사주는 丁亥 일주이다. 일지가 亥水로서 정관이다. 정관을 지지에 깔고 앉았다고 말한다. 일간인 火가 水가 있으니 겁이 나서 자리에 마음 놓고 앉을 수가 없게 되었다. 그래도 천만다행인 것은 연간에 甲木이 목생화(木生火)로서 일간을 생해서 힘을 실어주므로 살만하다.

그래서 사주 내에서는 모든 오행이 골고루 배열이 되어 있는 것이 가장 길하게 보는 것이다. 그런데 남자 사주에서 일지는 처 궁인데 일지가 관이 되어서 부인에게는 꼼짝 못하고 소위 말해서 공처가다. 공처가란 근자에 와서는 하기 좋은 말로 애처가라고도 하게 된다.

시주 · 편관 〔신왕〕 – 부모 덕이 있다.

[표 4] 시주 편관 사주 예

시주	일주	월주	년주	구분
甲	戊	丙	丙	천간
편관	본인	편인	편인	육신
寅	午	申	午	지지
편관	인수	식신	인수	육신

이 사주는 일주가 戊午이다. 시주가 甲寅으로 편관이다. 그런데 연간과 월간에 丙火가 있고 인수가 있어서 부모에게 물려받을 재산이 있다는 것이다. 한 마디로 부모와 조상의 덕이 있는 사주이다. 사주에서 火가 너무 많은데 水가 정작 하나도 없다. 사주에서 水가 없으면 목마른 사람이 물을 찾는 것이나 다를 바 없어서 水 오행이 절실하다.

사주 내에서는 무슨 오행이라도 골고루 있을 것을 요구하고 있다. 가령 이 사주에서 火 오행이 많다 함은 戊土에게 인수가 되어서 귀한 집의 아들처럼 위할 줄만 알았지 훌륭하게 키우기 힘든 형태이다. 그리고 관인 木이 있어도 목생화(木生火)로 힘을 설기가 되어서 정작 관의 구실을 하지 못하는 것이 아쉽다.

월간 · 정관 – 정임합목(丁壬合木)이 된다.

[표 5] 월간 정관 사주 예

시주	일주	월주	년주	구분
辛	丁	壬	戊	천간
편재	본인	정관	상관	육신
丑	未	戌	辰	지지
식신	식신	상관	상관	육신

이 사주는 丁未 일주이다. 월간의 壬水를 정관으로 본다. 하지만 이런 경우에 일간의 丁이 월간의 壬과 丁壬과 합으로 되어서 壬이 관이라기보다는 천간의 합으로 보는 것이다.

그러므로 천간 오행에서 丁과 壬이 만나면 합이 된다는 것을 기억해야 한다. 위 두 오행은 서로 가까이에서 만나게 되면 살(殺)이 변해서 합이 되어 木으로 화하게 됨으로써 관의 역할을 제대로 하지 못하는 것이다. 사주 내에서 각 오행이 골고루 있어야 한다는 점은 관성도 있어야 하고 식신과 상관 그리고 인수와 재성이 골고루 필요로 하는 것이다.

편인(偏印)과 정인(正印)

육친 사주에서 편인과 정인은 나에게 매우 중요한 역할을 하는 신이다. 예를 들면 식신이나 상관은 내가 생조해 주고 도와주어야 하는 세력인데, 반대로 편인과 정인은 나에게 도움을 주고 생조를 해 주는 세력이다. 그렇다고 본다면 편인과 정인은 나에게 꼭 필요한 오행이다.

나를 낳아서 젖을 주고 밥을 주고 입히고 재워주고 키워주는 모체로서의 편인과 정인은 꼭 필요한 신이다. 그러나 편인과 정인도 때에 따라서는 필요치 않을 때도 있다.

가령 내가 신이 왕한데 정인이나 편인이 많으면 이것은 오히려 독이 되는 경우이다. 내가 배가 부른데 너무나 많은 음식을 먹게 되면 이것은 오히려 과식으로 태만해지는 것이다. 그러나 내가 배가 고프다면 이것은 오히려 좋은 관계가 되는 것이다. 편(偏)이란 나와는 오행이 다르지만 음양은 같은 것이 편인이다.

정인이란 음양과 오행도 모두가 다르다. 그러므로 정인을 가장 좋게 보는 것이고, 정인과 편인을 모두 인수(印綬)라고도 한다. 인수나 편인 또는 정인은 마찬가지인데, 간혹 부르기를 달리 하는 것이다.

신약한 사주에 편인과 정인이 없다면 이것은 사주가 운이 잘 풀리지 않는 경우이다. 이러한 때에는 편인이건 정인이건 적당하게 있어야 좋다고 보는 것이다.

사람이 살아가는데 필수적인 조건이 맞았을 때 비로소 운이 좋다고 한다. 그래서 편인도 대개 꺼리는 경향이 있으나, 내가 신이 허할 때에는 반드시 필요한 존재가 편인이다. 그래서 사주의 구성을 잘 살펴서 판독함에 있어 차질이 없기를 바란다.

월간 · 시간 · 인수 〔신강〕 – 나태하다.

[표 1] 편인과 정인 사주 예

시주	일주	월주	년주	구분
癸	甲	壬	戊	천간
인수	본인	편인	편재	육신
酉	戌	子	午	지지
정관	편재	인수	상관	육신

이 사주는 甲戌 일주이다. 월주가 壬子로 인수이다. 壬水는 편인이고 子水는 정인인데 시간의 癸水가 역시 인수이다. 甲木 일간을 생해 주는 오행인 인수가 많아서 사주가 신강하다고 보는 것이다. 그런데 사주에서 인수가 많다고 해서 꼭 좋은 것만은 아니다. 3개씩이나 있으니 水가 너무 많다고 본다. 사주 내에 水가 많고 상대적으로 火가 하나도 없으니 사주가 온기가 없는 것이다. 가령 사람의 몸이 아무리 건강해도 추운 날씨는 장사가 없는 것이나 다를 바가 없다.

월간 · 시간 · 정인 〔신강〕 – 변비가 있다.

[표 2] 월간 시간 정인 사주 예

시주	일주	월주	년주	구분
己	庚	己	乙	천간
정인	본인	정인	정재	육신
卯	辰	卯	巳	지지
정재	편인	정재	편관	육신

이 사주는 일주가 庚辰으로 일지의 辰土는 편인이고 월간과 시간이 己土에 정인이다. 사주 내에서 편인과 정인이 모두 갖추어진 사주의 원국으로서 인수가 많아서 사주가 신강하다.

사주가 신이 강하여 나의 기운을 설기하는 식신 상관의 오행이 없어서 아쉬움이 많다. 나를 생해주는 인수도 중요하지만 내가 생을 해 주는 식신과 상관도 중요하다는 것이다.

모든 만물은 내가 받은 것만큼 되돌려주어야 하는 것이 자연의 법칙이다. 음식을 많이 먹고 배가 부르면 배설을 해야 속이 시원 하듯이, 사주의 원리라고 해서 하나도 다를 것이 없다. 내가 받은 것만큼 되돌려 주는 것이 자연의 이치이다.

일지 · 편인 – 부모와 헤어진다.

[표 3] 일지 편인 사주 예

시주	일주	월주	년주	구분
辛	壬	壬	丁	천간
인수	본인	비견	정재	육신
丑	申	寅	卯	지지
정관	편인	식신	상관	육신

이 사주는 일주가 壬申으로 일지가 申金이 편인이고 시간은 辛金이 정인이다. 월지는 모친의 궁으로 나를 낳아서 길러주는 곳이다. 그런데 월지가 寅木의 식신이 되어서 오히려 내가 모친을 생해주게 되어서 모(母)의 덕이 없게 된다.

부모와 의견차이로 싸우게 되고 한 집에서 살면 발전이 없어서 떨어져서 사는 것이 좋다. 그리고 월간의 비견이 도움이 되지 못한다.

일지와 시간에서 편인과 정인이 나를 생을 해 주고 있어서 신약하지 않은데 비견이나 겁재가 과히 필요하지 않다. 사주 내에 火가 약하고 土가 약해서 오행의 균형이 맞지가 않다.

십이포태운성법(十二胞胎運星法)

12포태운성법이란 천간과 지지가 만나서 죽고 사는 생사(生死)관계의 운성법이다. 생왕묘절(生旺墓節)을 논하게 되는 12운성법이란 천간이 지지와 결합하여 그 힘이 다하면 죽게 되는 이치로서 이것은 우리 인간사에는 생로병사(生老病死)에 관련된 일이다.

12포태운성법을 이해하려면 천간과 지지가 만나서 생하고 쇠해져 시들어가는 함수관계를 이해함으로써 역학을 공부하는데 커다란 도움이 된다.

사주를 공부함에 있어서 일주가 신약이냐 신강이냐 하는 것도 12운성에 관련되어 있다는 사실을 알아야 사주의 신강을 구분하는데 도움이 될 것이다. 인간은 누구나 태어날 때 사주팔자를 타고 나지만, 어느 누구는 태평성대하게 잘 살고 어느 누구는 고통과 시름 속에서 한시도 평안할 날이 없는 생을 살아가야 하는지를 우리는 이 12포태운성법에서 알아보도록 하는 것이다.

사주가 신강하게 타고나면 부와 명예 그리고 수명까지도 같이 부여받는 것이 자연의 이치인 것이다.

천간은 하늘이고 지지는 땅인데, 하늘에서 주는 운명이란 천운(天運)이라 하고 땅(地)에서 부여 받는 지운(地運)이란 숙명적인 생명체에 불과하다.

천간은 쉬지 않고 움직이고 돌고 돌아서 순행하고 있다. 지지란 땅이므로 정지된 속에서 12지지를 구분하고서 천간의 십간을 기다리는 숙명적인 만남을 유도하는 것이다.

천간은 십간으로서 순차적으로 돌아서 12지지를 만나서 생왕묘절(生旺墓節)의 상생상극을 만들어 낸다. 천간은 양(陽)이고 남자로서 활동적이고 동적이다. 지지는 음(陰)으로서 여자이고 정적이다. 남자는 여자를 찾고 여자는 남자를 만나서 짝을 이루면서 역사를 만들어 가는 것이 인간사이다.

춘하추동(春夏秋冬)의 사계절과 동서남북(東西南北)의 사방위를 기준으로 펼쳐지는 상생상극의 이치 속에서 이 포태법이 만들어지게 되는 것이다.

모든 만물은 봄에 싹이 돋아나고 자라서 여름이면 왕성함과 무성한 숲을 만들어 내고, 가을이면 낙엽이지고 열매를 맺어 나가는 이치로서 겨울이면 앙상한 가지만 남게 되어 모든 식물의 물은 거꾸로 뿌리로 내려가는 이론이다. 이것은 우리 인간사와 모든 동물의 생애와도 다를 것이 없는 것이 포태양생법에 준해 있는 것이다. 그러나 다만 포태법에서는 천간과 지지가 만나는 것이 일정화되어 있지 않다는 것이다. 천간의 천기는 동적이므로 돌고 도는 수레바퀴처럼 어느 일정한 곳에 머물지 못하고 지지의 12운성에 의해 돌아가면서 만나는 것이다.

모든 오행의 강약에 대하여 입춘에는 천기의 활동에 힘입어 물이 위로 올라가게 되고 이것은 양으로 활동적이고 동적인 이치이다. 오행의 생왕사절(生旺死絶)이 포태법과 명칭만 다를 뿐 이론과 학설은 유사하다는 데에는 의심의 여지가 없다.

12운성에서는 양은 순행하고 바로 가는데 비해 음은 거스르고 역행하고 숨어드는 것으로 보는 것이다. 사계절을 운행하면서 성장하고 왕성함을 지나 시들고 병들어 죽게 되어 묘지 속으로 들어가는 것과 땅 속으로 들어가게 되는 것 뿐 아니라, 우리가 곡식의 씨앗을 땅 속에 심어주는 것과 같이 다음을 기약하고 대기하는 상태를 의미하게 되는 것이다. 그러므로 음과 양 속에서 오행이 되살아나는 것과 다를 바가 없다.

甲木은 양이므로 하늘의 생기를 받게 되며 큰 나무의 몸통이다. 그런데 亥에서 발생하여 午에서 죽게 되는 것이다. 이것은 午火가 여름에 무성한 나무인데 왜 午火에서 소멸되고 마는 것일까. 未土에서는 이미 乙木인 음목(陰木)이 자리하고 있다는 것이다.

나무의 무성한 가지를 통해서 입으로 그 氣는 절정에 달하게 되고 뿌리와 몸통에서는 이미 양(陽)의 기운을 소멸하고 있다는 것이다. 6월의 未土에는 이미 음인 乙木이 자리하고 있다가 그 乙木은 未에서 음기를 받아서 亥에서 소멸하고 마는 것이다. 亥水는 차고 음적인 절정기를 나타나게 되면 이미 亥 속에는 甲木인 양이 자리를 잡고 있다는 것이다. 양은 음에서 기운을 받고 음은 양에서 기운을 얻게 되는 것이 세상의 모든 사물의 이치로서 이것은 우리 인간사에서도 적용이 되는 것은 두말할 나위가 없다.

남자는 천간이 주는 천륜(天倫)이고 여자는 지지가 주는 인륜(人倫)으로서 부자는 천륜이요 부부는 인륜이라고 했듯이, 우리는 천륜과 인륜을 저버리지 못하는 것이다. 甲木은 고목나무의 원시림을 의미하고 乙木은 풀이나 잡초와 같은 것을 의미하지만 따지고 보면 천간의 木은 그 뜻이 유사하다. 다만, 지지에서의 음양과 만나는 절차로서 구분됨은 그의 뜻이 다를 뿐이다. 양은 끝까지 음을 쫓아서 다니게 되고 음은 한없이 양을 기다리는 함수관계는 수레바퀴 돌아가듯이 끝없이 이어지게 되어 세월을 만들어 내게 되는 이치이다. 남자와 여자가 만나서 짝을 지어 역사를 만들고 우주만물의 상생(相生)함을 보여주게 되는 것이다. 만약

이 세상에 음과 양이 존재하지 않아서 가령 남자만 이 세상에 존재한다면 이 세상의 종말이 수백년을 넘지 못할 것이다. 음과 양은 동시에 출발하여 상생상극을 거듭하면서 끝없는 물체를 만들어 내고 있다는 사실은 역학을 연구하는 학도들로서는 널리 이해함으로써 장구한 학문의 발전이 있을 것이다.

이 세상의 모든 물체는 천간에서 받은 천운과 지지에서 얻어진 지운의 결합체로서 하나의 생명체가 형성되어 있다는 사실이다.

그 氣가 소멸될 때 동물이건 식물이건 모든 생명체는 물체와 氣가 분류됨으로써 氣는 사라지게 되고 물체는 소멸되게 될 것이다. 다만, 지지에서 뭉쳐진 물체는 눈에 보일 뿐이고 천간에서 받은 氣는 눈에 보이질 않는다는 것일 뿐, 물체의 움직임은 그 기운의 힘에 의해서 움직이고 살아있다는 것이다.

그것을 우리 인간사에서는 12운성의 포태양생법으로서 나열하게 된 것이다. 모든 사물은 다만 음(陰)의 정적인 물체는 눈에 보일 뿐이고 그 보이는 물체는 눈에 보이지 않는 양(陽)의 氣를 기다리는 관계로서 양이 찾아와서 결합을 하게 되는 날에는 그 생명체가 만들어지게 되는 이치를 말함이다.

12운성으로 보는 운명론

십이운성의 뜻

12운성은 열두 개의 별에 운명의 강약을 정하여 태어난 일진(日辰)을 기준으로 사주를 살펴서 운명을 판단하는 법이다.

사람이 이 세상에 태어나서 자라서 왕성했다가 늙어서 병들어 죽게 되는 생로병사로서 인생의 일대기를 그린 것이다.

12개의 항목에는 나름대로 일종의 질서가 있다고 할 수 있다. 12운성을 4개씩 짝을 지어서 강한 것, 중간 것, 약한 것으로 나눌 수 있는데, 제왕|건록| 관대|목욕으로 이루면 가장 운세가 강하다 하여 사왕지(四旺地)라 하고 타에서 氣를 얻으면 더욱 강해진다. 그리고 장생|양|쇠|병이 모이면 기운이 설기를 받아 중간 정도가 되어 이를 사평지(四平地)라 하고 스스로 기가 쇠퇴해진다. 그래서 사평지는 설기되는 것을 꺼린다.

절|묘|사|태가 그룹을 형성하면 사쇠지(四衰地)라 하여 이 사쇠지가 상충이 되면 氣가 발생된다. 이러한 12운성은 신강, 쇠약의 판단형식에 나타나 있는 육신의 강약과 홍망성쇠를 판독하게 된다.

찾는 법은 일간(日干)으로 보고 만약 甲일간의 경우 4 지지에 亥가 있으면 장생이고 酉가 있으면 태가 되므로 각각 도표를 보고 판독한다.

[십이운성 도표]

천간 / 12운성	甲	乙	丙	丁	戊	己	庚	辛	壬	癸
장생	亥	午	寅	酉	寅	酉	巳	子	申	卯
목욕	子	巳	卯	申	卯	申	午	亥	酉	寅
관대	丑	辰	辰	未	辰	未	未	戌	戌	丑
건록	寅	卯	巳	午	巳	午	申	酉	亥	子
제왕	卯	寅	午	巳	午	巳	酉	申	子	亥
쇠	辰	丑	未	辰	未	辰	戌	未	丑	戌
병	巳	子	申	卯	申	卯	亥	午	寅	酉
사	午	亥	酉	寅	酉	寅	子	巳	卯	申
묘	未	戌	戌	丑	戌	丑	丑	辰	辰	未
절	申	酉	亥	子	亥	子	寅	卯	巳	午
태	酉	申	子	亥	子	亥	卯	寅	午	巳
양	戌	未	丑	戌	丑	戌	辰	丑	未	辰

① 절(絶)

절은 포(胞)라고도 한다. 인간이 죽어서 묘지에 있다가 시일이 지나면 다시 태어나는 것과 같다. 모든 것이 정지된 상태이다. 절의 성질은 하던 일도 중도에서 포기하는 일이 많아서 일의 추진력이 없다. 인정이 많아서 남의 말에 잘 이끌리고 자기주장을 펴지 못해서 결국은 남의 꼬임에 잘 넘어가기 쉽다. 이성 간에도 확실한 판단을 하지 못하여 피해를 보거나 후회하게 되는 것이다.

절에 해당하는 년·월·일·시의 판단법은 다음과 같다.

- 절이 년주에 있으면 – 조상의 음덕이 없고 어릴 때부터 잔병치레를 하게 된다.
- 절이 월주에 있으면 – 부모형제의 덕이 희박하여 스스로 개척하는 삶을 살아야 한다.
- 절이 일주에 있으면 – 심신이 불안한 상태이고 부부운이 좋지 못해 특히 甲申 일주나 辛卯 일주일 때 더욱 심하게 나타난다.
- 절이 시주에 있으면 – 자녀의 사회적 진출이 막히고 자식의 걱정과 근심이 끊이지 않는다.

② 태(胎)

태는 부모의 음양의 교배로서 어머니 배속에서 잉태됨을 뜻하므로 무슨 일을 시작하지 않고 준비하는 과정에 있다. 태의 성질을 가진 사람은 호기심이 강하고 남에게 동정받거나 관심끌기를 좋아한다. 태운인 여성은 대체로 딸을 많이 낳는 경향이 있으며 연상에게 이성을 느끼는 경우가 많다. 머리가 좋으나 외교나 활동하는 무역활동 등 대외적인 활동을 하기에는 부족하다.

태에 해당하는 년·월·일·시의 판단법은 다음과 같다.

- 태가 년주에 있으면 – 선대에 유업이 일어난 것으로 보아 어린 시절 잔 고생이 많고 항상 가족들의 부덕으로 본인이 고생을 많이 하게 된다.
- 태가 월주에 있으면 – 부모 형제 덕이 없고 집안을 이끌어 나가야 한다. 주변에 인척들의 덕이 없고 가장 역할을 도맡아야 한다.
- 태가 일주에 있으면 – 초년에 병약하다가 중년 이후에 건강이 나아지고 남녀 모두 부부 운이 좋지 않으며 여성의 경우 태가 3개 이상이면 막막한 삶을 살게 된다.
- 태가 시주에 있으면 – 여아가 많이 태어나며 아들은 있어도 무능력하다. 유산이 있으면 양자에게 물려주는

격이 되어 자식궁이 좋지 않은 것이 특징이다.

③ 양(養)

양은 아기가 잉태되어 어머니 배속에서 자라나는 과정을 뜻한다. 사주 내에 양이 있으면 기대하는 큰 꿈보다는 현재의 삶에 만족한다. 그러나 노력한 만큼 좋은 운이 따른다. 부모와 인연이 희박하고 차남으로 태어나도 형의 사별로 장남을 대신하거나 양자 또는 데릴사위가 되는 운명이다.

양에 해당하는 년·월·일·시의 판단법은 다음과 같다.

- 양이 년주에 있으면 – 조상의 운이 양자의 가문이다.
- 양이 월주에 있으면 – 양자가 되든지 부모를 떠나 객지에서 고생한다.
- 양이 일주에 있으면 – 배우자 궁이 부실하고 색난이 있으며 이성관계가 원만하지 못하다.
- 양이 시주에 있으면 – 자녀 궁이 불미하여 자식을 봉양해야 하는 운이라 할 수 있다. 무자식일 가능성이 높고 자녀와의 인연이 깊지 않다.

④ 장생(長生)

장생이란 12운성 가운데 최고의 길성(吉星)을 의미한다. 천성이 착하고 예술방면이나 기술·예술·문학에 재능이 있고 성공과 출세가 빠르다. 깨끗한 심성으로 아기가 세상에 처음 태어날 때의 경우와 같다. 초목에 비유하면 새싹과 같은 형상으로 연약하여 세파를 견디어내는 힘이 약해 보이나, 자연히 사회적 지위가 향상되고 명예가 따르는 운성이다.

장생에 해당하는 년·월·일·시의 판단법은 다음과 같다.

- 장생이 년주에 있으면 – 조상의 음덕이 있고 재물과 의식주 걱정이 없고 초년보다 중년과 말년으로 갈수록 운이 좋아지는 경향이다.
- 장생이 월주에 있으면 – 부모형제 덕이 있고 인덕이 많아서 사회에서 성공률이 높고 중년부터 발복하여 말년까지 좋다.
- 장생이 일주에 있으면 – 자신이 심성이 깨끗하여 배우자 운이 좋고 친구, 동기간에도 우애가 있으며 건강도 양호하다.
- 장생이 시주에 있으면 – 말년 운이 좋고 자식 운이 있다. 자식이 사회적으로 출세하며 자식의 부모에 대한

효심이 지극하다.

⑤ 목욕(沐浴)

목욕은 갓 출생한 아기를 깨끗이 씻는다는 뜻이다. 이 목욕은 일명 욕살(浴殺) 또는 패살(敗殺)이라고도 한다. 목욕의 심성은 쉽게 싫증을 내는 성격으로 일의 추진력이 약하여 세상을 살면서 우여곡절이 많다. 목욕을 하고 나면 이성을 그리워하는 생각이 나므로 도화살이나 홍염살, 연살이라 부르기도 한다. 이동 · 변동이 많고 부부인연이 박하여 이별 또는 재혼하는 경우가 많다. 유행을 따르기 좋아하여 낭비를 심하게 하고 파산하기 쉬우며 재물을 모으기가 힘들다.

목욕에 해당하는 년 · 월 · 일 · 시의 판단법은 다음과 같다.

- 목욕이 년주에 있으면 – 조상에게 색난이 있고, 조상중에 한량이나 풍류인이 많다.
- 목욕이 월주에 있으면 – 부모가 풍류인이거나 바람기가 많은 부모형제이고 색난이 있다. 부모와 인연이 없어서 본인이 타향 객지에서 고생하는 예가 많다.
- 목욕이 일주에 있으면 – 자신이나 배우자가 이성관계를 조심해야 이별을 면할 수 있다.

- 목욕이 시주에 있으면 – 자손과의 인연이 희박하고 자식으로 인해 고민하고 걱정하게 된다.

⑥ 관대(冠帶)

관대의 뜻은 성장과정이 끝나고 청년기에 접어들 시기가 되며 열심히 학문을 닦고 급제에 등과하는 시기이다. 20代에 혈기가 왕성하여 명예욕이 왕성하고 의무감과 덕성으로 삶을 자유롭게 활동하는 시기가 된다. 특히 자존심과 추진력이 강하다.

관대에 해당하는 년·월·일·시의 판단법은 다음과 같다.

- 관대가 년주에 있으면 –조상의 가문이 좋고 뼈대 있는 가문의 집안이다.
- 관대가 월주에 있으면 – 사회적인 명성이 높고 상당한 위치에까지 오를 수 있으며, 자기 고집대로 살고 부모가 봉건적이다.
- 관대가 일주에 있으면 – 부부 운이 좋고 중년 이후에 발전이 있겠으나, 고집이 세어 손해를 보는 때가 있다.
- 관대가 시주 있으면 – 가정이 화목하고 자녀의 덕이 있어서 자녀가 사회적으로 명성을 떨치게 된다.

⑦ 건록

건록은 부모의 품을 떠나서 객지에서 홀로 자립하여 가정을 이루고 독립하는 시기이다. 벼슬하는 과정이라 하여 관운이 좋으며 관리로서 청렴하고 독립심이 강하여 자수성가의 명이 된다. 공명정대하므로 부정을 싫어하나 자기주장만을 내세우므로 남의 눈총을 받을 수도 있으므로 대인관계에 있어서는 신경을 써야 한다.

건록에 해당하는 년・월・일・시의 판단법은 다음과 같다.

- 건록이 년주에 있으면 – 조상이 벼슬을 한 집안이고 음덕과 부모덕이 있다.
- 건록이 월주에 있으면 – 자수성가하게 되고 부모가 사회적으로 지위가 있다고 볼 수 있다.
- 건록이 일주에 있으면 – 관록(官祿)이 있으나 부부 인연은 깊지 않다. 재물을 많이 모을 수는 있고 명예를 누릴 수 있다.
- 건록이 시주에 있으면 – 자녀들이 성공을 하게 되고 자손의 덕을 본다.

⑧ 제왕(帝旺)

제왕은 원기가 왕성한 40대에 해당한다. 인생의 역정을 딛고 삶의 깊이를 느끼는 시기이다. 남의 간섭을 싫어하여 독선적이어서 스스로 실패를 자초하기도 한다. 만인을 통솔해 지배할 수 있는 최고의 위치에까지 오를 수 있다.

제왕에 해당하는 년·월·일·시의 판단법은 다음과 같다.

- 제왕이 년주에 있으면 – 선대에 부귀하고 그의 조상이 통솔자로서 이름을 떨친 조상으로 매사 두려움이 없다.
- 제왕이 월주에 있으면 – 우두머리로서 수완이 있어서 추진력이 강하고 자수성가의 운이다.
- 제왕이 일주에 있으면 – 자존심이 강하고 독선적이어서 대성하거나 대패하는 운이다.
- 제왕이 시주에 있으면 – 자녀가 사회적으로 왕성하게 활동할 수 있다.

⑨ 쇠(衰)

가장 강한 원기에서 서서히 쇠퇴하는 시기로 왕성했던 기운이 점차 쇠약해져 가는 시기이다. 허약하여 용기가 생기지 않아 망설임이 많다. 기운이 쇠약해진 50~60대 시기에 해당하고, 보수적인 성향이 많아서 일을 추진하기에는 미약하다. 인생의 삶에 지나온 과거를 회상하면서 정리하는 시기이다.

쇠에 해당하는 년 · 월 · 일 · 시의 판단법은 다음과 같다.

- 쇠가 년주에 있으면 – 조상과 부모덕이 근본적으로 없어서 고생을 초년기부터 겪는다.
- 쇠가 월주에 있으면 – 인덕이 없고 부모형제의 덕이 희박하여 사회적으로 호응을 얻지 못하고 주위의 말에 동조하기 쉽다.
- 쇠가 일주에 있으면 – 객지에서 모진 풍파를 겪으며 고독하다. 여자는 배우자 운이 좋지 않아서 결혼을 하면 고생하는 경우가 많다.
- 쇠가 시주에 있으면 – 자식의 덕이 없으므로 초년보다는 노년기에 더욱 고독하다.

⑩ 병(病)

병이란 왕성함과 건강함을 지나 늙어서 병이 든 것과 같이 시들해짐을 말한다. 긍정적인 생각보다는 비관적인 생각을 하고, 육체적으로나 정신적으로 모두 약하므로 심신을 혹사하는 일은 적합하지 않다. 인생의 황혼기를 지나서 늙고 쇠하여 병이 들게 되는 경우이다.

병에 해당하는 년 · 월 · 일 · 시의 판단법은 다음과 같다.

- 병이 년주에 있으면 – 조상과 부모가 모진 질병으로 고생을 하거나 병약하여 지출이 늘어남에 따라 가세가 기운다.
- 병이 월주에 있으면 – 건강이 좋지 못하여 용기가 없다. 본인보다는 부모형제 가운데 병약함이 있고 남에게 이용당하기 쉽다.
- 병이 일주에 있으면 – 본인이 병마에 시달리고 부부궁이 불미하여 생사이별할 수 있고 부부 중 신병을 가지고 있다.
- 병이 시주에 있으면 – 병약한 자녀가 태어나기 쉽고 부모의 속을 태우기 쉽다.

⑪ 사(死)

모든 만물이 병이 들면 죽게 된다. 세상의 물욕이 없어지고 움직이기 싫어지며 정지된 것과 같다. 모든 것이 허망한 상태가 된다. 부부의 인연이 깊지 못하고 걱정 근심이 많다.

사에 해당하는 년 · 월 · 일 · 시의 판단법은 다음과 같다.

- 사가 년주에 있으면 – 조상과 부모의 덕이 없어서 양자로 가는 경우가 있다. 객지에서 자수성가한다.
- 사가 월주에 있으면 – 장남 출신이 많고 머리가 좋은 편이나 형제와 인연이 박하다.
- 사가 일주에 있으면 – 가정이 편치 않고 부부운이 불미하다. 어려서 잔병치레로 고생이 많다.
- 사가 시주에 있으면 – 자녀 운이 좋지 않고 자식이 말썽을 피워서 고생을 하게 된다.

⑫ 묘(墓)

묘는 장(葬)이라고도 하며 죽어서 장사지내고 무덤에 들어가는 단계를 말한다. 묘는 다음에 싹을 틔우기 위해 쉬게 된다. 묘는 육친과 인연이 희박한 편이다. 부부간에 정이 깊지 못하고 걱정 근심이 따르며 고생을 많이 하게 된다. 사주에 묘가 두 개 이상일 때에는 더욱 발전성이 없다.

묘에 해당하는 년 · 월 · 일 · 시의 판단법은 다음과 같다.

- 묘가 년주에 있으면 – 선대가 근면하고 조상을 보살피는 사람이 증손 중에 많다.
- 묘가 월주에 있으면 – 부모형제의 인연이 박하다. 타

인에 의해 손재수가 있다.

- 묘가 일주에 있으면 – 객지에서 홀로 노력하여 자수성가한다. 배우자의 인연이 박하다.
- 묘가 시주에 있으면 – 자녀가 신병에 시달리거나 자식과 인연이 없다.

신살론(神殺論)

사주에서 이 신살에 대한 공부를 소홀히 할 수 없다. 사주의 구성원리가 정해지면 이제부터 어떠한 살이 있어서 어떠한 길흉작용을 하게 되는지 알아보기로 한다.

역학에서 음양과 오행의 변화를 이해하고 나면 사주를 세워서 판독하게 되는데, 제일 먼저 알아야 할 것은 어떠한 운기가 들어와서 그 사주에 영향을 미치는지에 대해서 천차만별의 이론과 지식이 동원된다. 그런데 가장 먼저 논하게 되는 것이 바로 이 신살론이다.

살(殺)이란 사주를 도와서 길성의 작용을 하여 발복을 하게 되는 것이 있는가 하면, 반대로 살이 들어와서 그 사주를 해치는 흉살이 있다. 그러면 어떠한 살이 들어오면 해를 끼치고 어떠한 살이 도움을 주는지에 대해서 알아보자.

사주 내에 신살이 들어와서 오히려 사주를 도와주는 경우는 다음과 같다. 살이 아예 3개 이상 많이 들어오는 경우이다. 그리고 용신이 들어오는데 그 용신의 오행이 기신(忌神)으로부터 충이나 극을 받게 되면 용신이 길신이 되지 못하는데, 이럴 때에는 오히려 흉신인 살이 들어와서 제어를 해주는 경우가 있다. 그렇게 되면 흉신의 작용을 하는 기신이라도 도움이 되므로 귀하게 작용이 되는 경우이다. 그러나 반대로 작용하는 경우도 있다. 사주에서 용신이 들어와서 작용하는데 그 신을 방해하게 되면 좋은 길신도 흉신으로 변화되어 버리는 것이다.

그래서 살이란 좋은 점도 있고 나쁜 점도 있다. 하지만 좋은 점보다는 나쁜 점이 훨씬 많게 되는 것이다. 역학에서는 필히 살의 작용을 잘 간파함으로서 어떠한 오행이 어떻게 작용하는지를 구분할 수 있게 된다. 길신이 흉신으로 변하는 경우와 흉신이 길신으로 변하는 과정을 우리는 사주의 예로서 공부할 필요가 있다. 사주의 4기둥이 잘 세워지고 기본적으로 대운에서 좋은 운이 들어오게 되면 굳이 살을 샅샅이 따질 필요가 없지만, 역대 대가들도 이 살에 대해서 정밀히 따지고 하는 것을 보아서는 그 적중률이 높다는 것이다. 그래서 간혹 신살을 몇 가지만 충실히 외워두었다가 사람들을 유혹하는 경우도 있다. 그러나 역학을 공부함에 있어서 신살만 수백여 가지가 있으므로 이것을 모두 외우기란 불가능한 일이다. 그러나 신살을 공부하고 하나하나를 외워가는 과정에서 자기도 모르는 순간에 사주에 익숙해지게 되고 모르던 것도 알게 된다는 사실이다. 그러므로 중요한 살(殺) 가령 충|파|형|해|원진 같이 대중적

으로 많이 쓰이는 신살들은 철저히 외워 두면 사주를 풀어 나가는데 도움이 될 것이다. 사주란 원래 4기둥과 8자만 가지고 인생행로의 길흉을 다 알아야 하므로 외울 것도 너무나 많고 공부해야 할 부분도 상당하다. 남보다 한 가지라도 더 익히고 배우는 것만이 사주를 공부하는데 최선의 방법이라고 본다. 어떠한 부분이 중요하고 어떤 것만을 배우고 익혀야 한다는 지론은 없다.

[십이지신살 표]

년지/일지 12신살	申子辰	寅午戌	巳酉丑	亥卯未
겁살	巳	亥	寅	申
재살	午	子	卯	酉
천살	未	丑	辰	戌
지살	申	寅	巳	亥
도화살	酉	卯	午	子
월살	戌	辰	未	丑
망신살	亥	巳	申	寅
장성살	子	午	酉	卯
반안살	丑	未	戌	辰
역마살	寅	申	亥	巳
육해살	卯	酉	子	午
화개살	辰	戌	丑	未

※ 위 표에 기재된 살을 십이지신살이라 한다. 사주에서 생년을 보기도 하나 대부분 생일을 위주로 보게 되고 생일에 대한 적중률이 가장 높다고 보는 것이다.

겁살(劫殺)

겁살이란 타인에게 사기나 도적, 겁탈, 강간, 강탈로서 빼앗긴다는 뜻이 있으며, 겁살은 12운성이 가장 쇠한 절에 속하는 살이므로 매사에 재앙이 끊이지 않고 심신이 허약해져 질병이나 돌발사고 및 각종 사건·사고로 인하여 관재구설수가 따르게 되는 살이다. 특히 타인에게 돈을 빌려주고 못받는 등 많은 피해를 보게 된다.

사주에서 비견이나 겁재가 많은 사람도 대부분 재산상의 손실이 생기고 건강도 악화되기 쉽다. 겁살이 있는 사주는 남에게 이용을 잘 당하는 경우가 많으므로 특별히 경계하지 않으면 안 된다.

생일에 겁살이 있고 사주 내에 겁살이 2개 이상 있으면 더욱 살성의 강도가 높다. 그래서 모든 살성의 종류는 일주에 있는 것을 가장 꺼린다. 겁살과 원진살이 함께 있으면 부부간에 이별 또는 별거 등의 일이 생기며, 건강이 나빠지게 되어 좋지 못하다. 그리고 월주나 시주 그리고 년주에 있는 것도 무시할 수 없으나, 사주는 일주를 중심으로 보기 때문에 일주를 철저히 판독하는 것이 좋다.

재살(災殺)

재살이란 일명 수옥살(囚獄殺)이라고도 하며 죄를 짓고 감옥에 갇힌다는 것과 같은 뜻이다. 사주에서 왕지(旺支)끼리 충돌이 있다면 이것을 재살로 규정한다. 재살은 다른 살에 비해서 관재구설수나 소송투쟁 등이 특별히 많은 살이며, 때로는 육신의 질병으로 고통받기도 한다.

子 일생이 午의 재살이 있으면 물과 불을 조심해야 한다. 子는 水이고 午는 火이므로 水와 火가 부딪쳐 싸우는 형국으로, 사주에 이러한 재살이 있으면 마음의 동요가 심하고 부질없이 고민하는 경우가 많다.

卯 일생이 酉의 재살이 있거나 돌아오는 운이 酉이거나 酉의 대운이 오면 타인에 의해서 피해를 볼 수 있게 되므로 주의해야 하고, 건강운도 좋지 않게 된다. 재살이 있는 사주가 길성(吉星)을 만나면 관직을 얻을 수도 있다. 그래서 경찰관이나 군인, 검찰계통에 직업을 가지게 되면 오히려 전화위복이 되어서 승승장구할 수 있다.

천살(天殺)

천살이란 하늘을 쳐다보고 한탄한다는 천재 · 지변의 재해를 뜻하는 살로서 가뭄이나 홍수 등의 피해나 수액(水厄)이나 화액(火厄) 등 불의의 재난으로 인하여 고생을 많이 겪는 살이다.

또한 원인 모를 병으로 병원을 찾아다니거나 정신질환이나 고혈압과 중풍 · 언어장애 등의 병이 생겨서 고생을 한다. 생월에 천살이 있으면 부모와 이별하여 객지에서 자수성가하고, 생일에 있으면 부부간에 천재 · 지변이 원인이 되어 헤어질 수 있으며 부부 중 신병을 앓는 사람이 있다는 것이 천살이다.

사주의 학문에서는 너무나 많은 살들이 있다. 따지고 보면 이리저리 걸리지 않는 것이 별로 없을 것 같으나, 우리가 공부를 하는 입장에서는 반복을 하여 외우게 되면 어느 순간에 사주를 잘 볼 수 있는 안목이 생기므로, 하나도 소홀함이 없이 연습문제 등을 풀어보는 것이 좋다.

사주공부란 꼭 살의 위력을 가름하기 전에 많은 것을 연구해 보는 것이 사주를 풀이하는데 도움이 될 수 있다.

지살(地殺)

지살은 역마(驛馬)의 뜻이 있으며 변동이나 이동을 뜻하는 살이다. 삼합으로 보아 첫 글자에 해당하면 모두 지살에 속한다.

흉신으로 작용하면 움직여서 손해를 본다는 살이다. 지살이 사주 내에 있으면 부부 사이가 원만하지 못하고 밖으로 나돌게 되므로, 결혼을 하면 해로하기 어렵다고 보는 것이다.

지살과 역마가 함께 있게 되면 평생 동안 바쁜 나날로 생활을 하게 되고, 역마와 지살이 서로 충을 하면 객지 타향에서 성공하거나 이민을 가서 잘 사는 경우도 있다.

지살은 이별수가 있어서 부모형제와 함께 살아가기보다는 스스로 개척하여 가업을 이루게 되고 자수성가하는 경우가 많다. 그리고 지살은 역마살과 함께 있으면 충하고, 충돌하는 의미로 보면 그만큼 돌발사고의 위험이 큰 것이다.

사주에서 월지에 지살이 있게 되면 부모와 헤어져 사는 것이 좋고, 시지에 지살이 있게 되면 자식을 멀리 객지로 떠나보내는 것이 서로를 위해 좋다.

도화살(挑花殺)

연살이라고도 불리는 이 도화살은 역마살과 함께 유명한 살이다. 일지에 도화살이 있으면 색정문제를 일으켜 연예인이라면 사회적으로 물의를 일으키기도 하며, 도화가 사주 내에서 2개 이상 있게 되면 풍류도화라 하여 주색잡기를 일거리로 삼아서 이득 없이 동분서주하게 되는 경향이 있다.

도화살이 일지나 시지에 있으면 그 성질이 강하게 작용하여 부부가 이성문제로 다투게 된다. 도화가 월지에 있으면 어머니가 소실인 경우가 많고, 타 남자와 자주 만나고 성적인 매력이 있어서 이 살이 많으면 주색으로 패가망신할 수 있다.

반대로 도화살이 있는 사주는 처신을 똑바로 하면 재앙을 면할 수도 있다. 다만, 사주 내에서 도화살이 타 오행과 합이 되어서 도화살의 기운을 설기하게 되면 그 기운이 약해지게 된다.

도화란 원래 화려함을 뜻하게 되어서 사주에서 도화가 있으면 여자나 남자나 사치를 좋아하고 이성관계가 복잡하다.

월살(月殺)

월살은 일명 고집살(固執殺)이라고 하여 창고에 물건을 고갈시킨다는 살이다. 그러므로 재물의 곤궁함을 느끼게 되고 재물에 관계되는 일로서 문제가 발생하며, 주변 사람들과 금전관계로 인한 말썽이 잦게 된다.

이 월살은 辰戌丑未로 구성되어 있다. 辰戌, 丑未沖이 되는데, 충은 서로 찌르고 부딪치고 충돌한다는 의미가 담겨져 있다.

이러한 충이 사주 내에 있으면 흉해질 수밖에 없다. 월주나 년주에 이 월살이 있으면 가정이 화목하지 못하고 질병이 발생하여 육신이 편안하지 못하다. 사업을 하거나 무슨 일을 추진하면 지체되는 경우가 많고, 난관에 부딪쳐 포기하는 경우가 많다.

월살을 가진 사주는 특히 종교에 지나치게 심취해 고민하는 경우가 많다. 무당이나 목사, 승려, 수도자가 되는 예가 많은 것이 특징이다.

일지에 이 살이 있으면 부부 간에 이별수가 따르고, 인덕이 없어서 본인 스스로 자선하는 일을 하면 좋다.

망신살(亡身殺)

망신살이란 주로 이성관계 등 주색잡기로 생기는 흉살을 말한다. 은밀한 비밀이 폭로가 되어 사회적으로 망신을 당하기도 하고 육친과 인연이 멀다..

사업을 하는 사람이라면 절도, 사기, 문서보증 등으로 금전손실 등 재산상의 피해를 입게 된다. 사주 내에서 망신살이 있다 함은 몸을 망친다는 뜻이 있고 몸둘 바를 모르겠다 하여 망신이라 부르며, 일명 관부살(官符殺) 또는 파군살(破軍殺)이라고도 한다.

무분별한 이성관계 뿐 아니라, 생활에 있어서도 욕심을 내거나 남을 해치려다 오히려 자신이 손해를 보게 되는 일이 생긴다.

생일에 망신살이 있으면 부부 궁이 부실하여 다툼이 있게 된다. 월지와 망신살이 있으면 부모代부터 이러한 일이 있었다는 것이고, 시지에 망신살은 자식代까지 이어진다는 것이다. 그래서 망신살이 사주 내에서 어느 위치에 있는지 잘 파악하는 것이 중요하다.

장성살(將星殺)

장성살은 일명 장군살이라고도 하며, 문장이나 무인(武人)으로 이름을 낼 수 있어서 군인이나 경찰 등의 직업을 가지면 좋다.

장성살은 삼합의 가운데 글자에 해당하는데, 이것은 상충하는 오행에서 子午卯酉를 말한다. 子午卯酉는 사왕지(四旺支)이므로 운기가 매우 강하다.

장성살이 남자에게 있으면 매우 좋다고 보지만, 여자에게 있으면 사회진출이 많아 외부 활동을 자주 하게 되므로 가정을 등한시한다 하여 꺼리게 된다.

사주상 길신으로 작용하면 용맹심이 왕성하고 진취적이며, 적극적인 인내력과 끈기가 강하고, 관직에 오르고 명성을 떨칠 수 있으며, 재성과 함께 있으면 재물을 많이 축적할 수 있다.

장성살은 특히 발전적 기질이 농후하여 권력을 손에 쥐고 만인을 통솔할 수 있다. 그러나 일상적인 자기주장이나 견해가 강하여 독불장군의 소리를 듣기 쉬우므로, 남의 말에 귀를 기울이려는 노력이 필요한 살이라 할 수 있다.

장성살은 본인이 부단한 노력을 하면 권력과 명예를 얻을 수 있다. 장성살은 년지를 중심으로 볼 수 있으나, 어떠한 살성이라도 일주를 중심으로 보게 되는 것이 가장 큰 효과를 나타내게 되는 것이다.

반안살(攀鞍殺)

반안살은 높은 직위에 있는 장수가 군졸들을 이끌고 전쟁터로 나가게 된다는 살이다. 이 반안살은 길신(吉神)에 속하며, 말안장에 앉아서 출전하는 장수가 된다는 살이다. 사주 내에 반안살이 있으면 시험에 합격을 하게 되고 우두머리가 된다.

반안살이 있으면 성정이 후덕하여 주위 사람들로부터 존경을 받게 되고, 관운과 명예가 따르므로 검사나 군인 또는 경찰 등의 직업을 가지게 되면 최고 지위에까지 오를 수 있다. 특히 일지나 시지에 반안살이 있으면 고위 관직 내지는 고관 출신자가 많이 배출된다.

부부간에 화합함으로써 가정이 행복하게 된다. 그것은 반안살 자체가 방합에 뜻이 깊어서 단합심이 강하고, 절대적인 의리와 신의가 있다는 것이다. 그래서 반안살은 일간이 왕 할 때에는 크게 성공을 할 수 있는 살이다.

역마살(驛馬殺)

역마살은 신살 중에서도 가장 널리 알려 있는 유명한 살이다. 역마가 충을 만나면 일생 동안 떠돌아다닌다는 것이다.

역마살은 여행이나 객지를 이동·관장하는 살로서, 사주 내에 역마살이 있으면 항상 분주다사하여, 타향이나 외국으로 나다니는 등 움직임이 많은 살이다.

사주 내에 역마살이 있으면 육친과 헤어져 살기가 쉽고, 흉신으로 작용하면 별 실속 없이 분주하기만 하다.

일지에 역마가 있으면 길에서 일어나는 사고를 조심해야 하고, 역마는 이동을 뜻하므로 직장의 이동이나 이사를 많이 하고, 때로는 가정생활이 편치 못해서 애로가 많게 된다. 타국으로 이민을 가는 예도 많다.

사주에서 년지에 역마가 있으면 조상이 유랑생활을 했거나 타향에서 객사했을 가능성이 높고, 월지에 역마가 있으면 부모형제가 떠돌아다니다가 객사할 수 있고, 일지나 시지에 역마가 있으면 본인과 자식이 객사하거나 사방팔방으로 유랑을 하게 된다.

육해살(六害殺)

육해살은 말 그대로 서로 만나면 해를 끼치게 된다는 살이다. 육해살은 몸에 신병이 생기고 지체(肢體), 고혈압 등을 뜻하고 육친과의 인연이 멀고 가족과 불화하다. 육해살이 사주 내에 있으면 한 가지 일에 꾸준히 몰두하면 성공할 수 있다. 육해살은 인덕이 없어서 타인으로부터 간접적으로 얻는 피해가 많으므로 스스로 덕을 베푸는 것이 중요하다. 직업으로는 봉사하는 스님, 목사 등 종교인이 많고 은둔생활을 하기도 한다. 육해란 서로 투쟁하고 대립을 하다 보니 은혜가 원수가 되어서 해를 끼친다는 살이므로, 충돌을 하거나 파한다는 뜻과는 다르다. 일상생활에 장애물이 생겨서 해롭다는 뜻으로서 육해살이라고 부른다. 육해살은 잘못 이해하면 별것 아닌 것처럼 생각할지 모르나, 사주에 육해가 있으면 갖가지 예기치 못한 일이 발생하기도 한다.

그러나 육해살도 사주가 신이 왕하여 길신으로 작용하면 물러가게 되고, 사주의 신이 허약하면 보이지 않는 속에서 해롭하게 된다.

화개살(華蓋殺)

화개살은 예술과 기술, 종교의 살이다. 화개살은 스님과 목사, 무속인 등 종교인의 직업이 많고, 부부 또는 형제간에 정이 깊지 못하다.

년주에 화개살과 상관이 있으면 조상이 종교인일 수가 있고, 월주에 있으면 부모님이 종교인일 수 있으며, 일주에 있으면 본인이 종교계에 몸담을 수 있다. 그런데 부부간에 각각 다른 종교를 가지게 되어서 불화가 되기도 한다.

화개살은 일명 '꽃방석살'이라고도 불려지며, 예술문화, 연예인 등 인기 직종에서 두각을 나타내기도 한다. 화개살은 대중들이 따르는 직업이나, 수도자의 길을 가는 이도 많다.

화개살이 사주 내에 여러 개가 겹쳐 있으면 도화살 작용이 생겨서 남성은 색욕이 강하고 여성도 색정문제를 일으키기 쉬우며, 정신적 · 육체적으로 원인 모를 고통을 겪는 경우가 많다. 그러나 이를 충을 하거나 합을 하게 되면 화개살이 해소되는 것으로 인식하게 된다.

길성(吉星)의 작용

신살을 두고 보통은 흉한 작용을 한다고 생각하기가 쉽다. 앞에서도 설명했듯이 신살의 종류가 무궁무진하여 이것을 모두 나열하기란 곤란하다.

또 너무나 많은 것을 논하다가 보면 오히려 구분이 어렵게 되는 경우가 있으므로 그 중에서 중요한 길성을 풀어서 보기로 하고, 중급편에서도 신살을 논하기로 한다.

길신(吉神)이 사주 내에 있게 되면 살아가는 동안 길신의 도움을 받아서 경사가 많게 되고, 사주 내에서 흉신이 있으면 길신의 작용이 크게 떨어지나, 사주가 신강하면 흉신을 밀어내고 길신으로 작용하게 되는 특성이 있다.

그래서 천지인(天地人)인 하늘과 땅 사이에는 인간과 더불어 생존해가는 모든 생물체가 이 신의 작용을 받게 되어 길하게 됨으로써 존경을 받게 되고, 명예나 부를 누릴 수가 있는 것이다.

인간이 이 세상에 태어나서 어떤 사람은 주변의 사람들로부터 존경을 받아가면서 남들보다 부와 명예를 누리고 살아가는 가하면 또 어떤 사람은 천대와 멸시를 받아가면서 천하게 살아가는 경우를 우리는 흔히 볼 수 있다.

그런데 특이한 것은 사주 내에 길신이 들어 있으면 그 사주의 주인공은 매사에 긍정적이고 무엇인가를 믿어보고 의지하는 경향이 있다.

그런데 사주 내에 그러한 길신이 없는 경우 그 사람은 매사에 부정적이고 무엇이든지 믿지 않으려 하고 자기 고집만을 우겨대는 경우를 보더라도, 우리는 길신의 작용이 얼마나 중요하다는 것을 알 수가 있다.

물론 한날 한시에 타고 난 사람의 손가락도 길고 짧듯이, 잘 살고 출세하는 사람이 있는가 하면, 찢어지게 가난하고 밥도 제대로 먹기가 힘든 사람도 있다. 이것을 이해하고 또 경험한 사람이라면 반드시 사주팔자는 잘 타고나야 한다는 데에는 이의가 없을 것이다.

그것은 이 우주의 공간에는 우리 인간의 힘으로는 어찌 해볼 수도 없는 이 우주의 공간에는 눈에 보이지 않는 리듬이 있기 때문일 것이다. 흔히들 말하기를 氣가 있다든가, 아니면 어떠한 운성이 작용을 한다고 하지만, 이런 모든 것들이야 우리들의 눈에 보이지 않고 응용할 수 없기에 오직 역학의 학문으로서만 풀어볼 따름이다.

과거부터 역학에서는 연월일시를 가지고 사주팔자를 풀어보는 것은, 다름 아닌 우주의 끊임없는 공전은 주기적으로 일정하므로 돌아올 몇 년, 몇 월, 몇 일, 몇 시에는 어떠한 운이 닥친다는 뜻이다.

눈에 보이지 않는 사이클이 다가온다는 예로서 이해를 하면 된다. 그러므로 그 사이클에 의해서 사람의 운명이 바뀌지고 삶에 변화를 가져온다는 것이다.

이 길신은 사람의 마음을 비워 놓는 것임에는 틀림이 없다는 것이다. 그러므로 역학공부에서 가장 기본적인 신살에서부터 익혀두는 것이 사주공부에 크게 도움이 될 것이다. 과거 역서에서 나열하고 있는 길성에 대해서 알아보기로 한다.

[길신 도표]

귀인 \ 일간	甲	乙	丙	丁	戊	己	庚	辛	壬	癸
천을 귀인	丑 未	子 申	酉 亥	酉 亥	丑 未	子 申	丑 未	寅 午	卯 巳	卯 巳
문창 귀인	巳	午	申	酉	申	酉	亥	子	寅	卯
학당 귀인	亥	午	寅	酉	寅	酉	巳	子	申	卯
금여	辰	巳	未	申	未	申	戌	亥	丑	寅
십간록	寅	卯	巳	午	巳	午	申	酉	亥	子
복성 귀인	寅	丑	子	酉	申	未	午	巳	辰	卯
천주 귀인	巳	午	巳	午	申	酉	亥	子	寅	卯
암록	亥	戌	申	未	申	未	巳	辰	寅	丑

천을귀인(天乙貴人)

천을귀인이 사주 내에 있으면 머리가 총명하여 연월 운에서의 천을귀인은 시험에 합격하게 되고 공직자는 승진하고, 특히 생일에 천을귀인이 있으면 입신출세하기가 쉽다.

특히 여자 사주에서는 관성(官星)이 천을귀인을 만나면 호남과 결혼하고 재성(財星)이 길성을 만나게 되면 미인을 만나게 되며, 일생 동안 크게 곤경에 처하지 않고 다복한 가정을 꾸리면서 살아가게 된다.

가령 천을귀인은 본인의 사주 내에서 있으면 가장 좋고, 배우자나 상대방의 일주에 천을귀인이 있거나 특히 대운이나 세운에서도 천을귀인이 들어오면 좋다.

그러나 아무리 좋은 길신이 들어온다 해도 첫째는 사주에서 일간이 왕해야 한다. 가령 좋은 귀인이 들어있다고 하더라도 일간이 극도로 나약하다면 그것은 길성이라 해도 크게 작용을 할 수 없게 된다.

문창귀인(文昌貴人)

문창귀인은 총명하여 훌륭한 학자가 되는 것을 말한다. 이 문창성이 사주 내에 있으면 용모가 단정하고 문학이나 창작 방면에서 두각을 나타낸다. 설령 정규교육을 받지 않았다 하더라도 실력이 대단하여 타의 존경을 받게 된다.

문창성이 본인의 사주는 물론이고 배우자나 부모형제에게 있어도 좋을 뿐 아니라, 세운에서 문창성이 들어와서 시험에 합격하며 좋은 배우자를 만난다든가, 공무원은 진급을 하게 되는 운이다. 문창귀인이 식신이나 상관에 있게 되면 자손이 학자나 교육자로서 훌륭한 인품의 소유자가 된다.

편인 또는 편재에 문창귀인이 있으면 부모형제 중에서 교육자나 학자가 있게 된다. 사주에서 문창귀인은 좋은 기(氣)를 불러들이는 살로서 사주 내에 있게 되면 귀하게 된다.

문창귀인이 년지와 월지에 있으면 조상의 덕이 있게 된다. 조상의 덕이란 그 사람의 근본이 되어서 주위의 인정을 받고 사회에서도 인정을 받게 된다.

학당귀인(學堂貴人)

사주팔자에서 학당귀인이 있으면 총명하고 영리하여 주변의 관심을 끌게 되는 귀인이다. 특히 머리가 총명하고 명석하여 학문을 좋아하며, 특히 집념이 강하여 학문을 깊이 연구하게 된다. 그 중에서도 글재주가 있어서 명필가로서도 이름을 떨칠 수가 있고, 사회의 인정받는 인물이 된다. 이 학당귀인이 사주 내에 있으면 충|파|형의 흉신을 꺼려한다. 이 충|파|형이 사주 내에 있으면 오히려 해를 보는 경우가 있다.

학당귀인이 년지에 있게 되면 조상들이 훌륭한 학자의 가문이었다는 것을 알 수 있고, 월지에 학당귀인이 있게 되면 부모형제가 학문을 많이 하게 되는 것이고, 일지에 있게 되면 본인이 학문을 깊이 하여 저명한 학자가 된다.

시지에 학당귀인이 있게 되면 자손 중에서 학문을 많이 하여 훌륭한 학자로서 사회의 저명한 인사가 되는 것이다. 다만, 한 가지 알아 두어야 하는 것은 좋은 길성귀인이 있어도 일간이 나약하면 크게 효과가 떨어지게 되고, 일간이 왕하면 발복을 한다는 것이다.

금여(金輿)

금여의 뜻은 옛날에 궁중에서 황제가 타고 다니는 금수레라는 뜻으로 사주 내에 금여가 들어 있으면 매우 길하다. 금여가 사주 내에 있는 사람은 명예가 빛나고 성품이 단정하여 많은 사람들로부터 존경을 받는다. 배우자를 잘 만나게 되고 다복한 삶을 누린다는 것이며, 가령 대운과 세운에서 좋지 못한 운이 들어오더라도 이 길성이 있음으로써 크게 곤경에 처하지 않고 난관을 극복하게 되는 것이다. 가령 본인 사주뿐만 아니라 배우자 사주 내에 금여가 있어도 좋으며, 친지나 동업자 사주에 금여가 있는 사람과 일을 하면 덕을 보게 된다. 그리고 세운에서 금여의 운이 다가올 때 시험을 치는 사람은 합격을 하게 되고, 공직자는 진급을 하게 되는 운이다.

그런데 이 금여도 마찬가지로 금여의 오행성을 타 오행이 충을 하거나 형·파가 되면 그 위력이 소진된다.

십간록(十干祿)

사주팔자 내에 십간록이 있으면 나라에서 주는 녹봉(祿俸)을 받는다는 뜻으로, 나라의 공직자로서 벼슬을 하는 경우이다. 이 십간록이 사주 내에 있게 되면 머리가 총명하여 공직에서 입신출세를 하게 된다. 그리고 재물복이 있어서 노력을 하면 그 대가를 얻게 됨으로써 풍요로운 생을 살게 된다.

사주 내에 십간록이 있으면 고위관직에 오를 수가 있으나, 이 녹을 받아서 부유하게 살려면 고위직의 공무원이 아니고서는 힘들다.

그런데 사주 내에서 십간록이 있어도 이를 충(沖)하는 오행이 있거나 파(破) 내지는 형(刑)하는 오행이 있으면 그 효력이 상실된다.

이와 반대로 십간록의 오행과 합이 되는 오행이 많으면 그 효력은 크게 증가하게 된다. 그래서 사주 내에 어떠한 길신이라도 충|파|형| 같은 오행이 있으면 좋지 못하다는 것을 참고로 해야 한다.

복성귀인(福星貴人)

복성귀인이란 복을 받는다는 길성으로서 대부분 귀인은 그 수호신이 주관하는 암시록에서 도움을 받는다는 것인데, 복성귀인은 특히 재물의 큰 도움을 받게 된다는 것이다. 가령 이 귀인이 년주에 있게 되면 조상의 음덕을 받아서 재물을 물려받는다는 것이고, 조상이 대대로 재산가임이 드러난다.

월주에 복성귀인은 부모의 유산을 많이 물려받고, 일주에 귀인이 있게 되면 본인이 복을 받아서 스스로 재산을 많이 모으게 된다. 그리고 시주에 있게 되면 말년에 가서야 재물을 많이 모으게 되며, 자식이 훌륭하게 되어 재산을 많이 모으게 된다는 귀인이 복성귀인이다. 그러면 그 예로서 복성귀인이 들어 있는 사주로서 풀어보도록 한다.

위에서 설명한 대로 복성귀인이 년지에 있는지, 아니면 월지에 있는지, 일지에 있는지 또는 시지에 있는지를 잘 살펴보아야 정확한 화복을 논할 수가 있다.

천주귀인(天廚貴人)

사주팔자에 천주귀인이란 하늘의 부엌이라는 뜻으로 맛있는 음식을 좋아하고 요즘 말로는 식도락가이기도 하다. 그리고 이 귀인이 사주 내에 있게 되면 식복이 많아서 오나가나 맛있는 좋은 음식물을 대접받게 되고 또 좋은 음식을 제공받는 일이 많다는 것이다.

근래에 와서는 식생활에 크게 걱정을 하지 않아도 된다지만 예로부터 사람이 살아가는 데에는 의식주문제가 3대요소로서 인간생활의 가장 큰 문제였다. 사주 내에 천주귀인이 있으면 음식 먹는 자리에 우연히 가게 되거나, 무엇을 먹는 자리에 뜻밖에 한몫 끼게 됨으로써 먹을 복을 타고났다 하여 "발이 길다"는 속담처럼 먹을 복을 타고 난 것이다. 어떻든 음식과의 인연이 많으므로 미식가의 행세를 하려면 아무래도 경제적으로 여유가 있어야 되는 것이다. 그래서 천주귀인이 사주 내에 있게 되면 의식주에는 걱정이 없다는 뜻이 된다. 그리고 남자고 여자이고 간에 맛있는 요리를 하는 데에 솜씨가 뛰어나다고 한다.

암록(暗綠)

사주팔자에 암록이 있게 되면 금전이나 식생활뿐만 아니라 살아가는데 모든 재물에 관계되는 것이 걱정이 없다는 것이다.

암록이란 보이지 않는 곳에 암시되어 있다는 뜻인데, 사주팔자에 들어있게 되면 이 귀인의 도움을 받아 주변의 사람들의 도움을 받게 되고, 인덕이 있어서 살아가는데 어려움을 겪지 않는다는 암록이다.

일생을 살다보면 어려움을 겪지 않고 산다는 것이 어려운 만큼, 사주 내에 이 암록이 있게 되면 부귀하고 호평을 받게 된다.

사주공부를 하게 되면 많은 귀인과 흉신이 있어서 어느 장단에 춤을 춰야할지 모르겠다는 사람도 있다. 그러나 이것은 어디까지나 과거부터 전해 내려오는 학문으로서 가령 귀인이나 흉신이 사주팔자에 끼치는 영향이 어느 정도인지 파악하게 된다면 앞으로 사주를 연구하는데 많은 도움이 될 것이다.

오행으로 보는 사주

사주를 볼 때 원칙적으로 음양과 오행으로서 사주를 풀이하게 된다. 초급반에서는 오행의 기초이론과 각종 형|충|파|해 그리고 신살과 합에 이르기까지 공부를 하면서 오행의 구성과 상생·상극의 이론과 오행을 습득하기 위한 공부를 하면서 각종 오행의 생극(生剋)의 재화(災禍)를 알게 되고, 오행마다의 얽히고 설킨 상호관계에서 화복을 논할 수 있는 능력을 키우게 되는 것이다.

사주학이란 근본적으로 이 모든 정보가 오행의 다섯 글자 속에 숨겨져 있다. 그래서 가장 기초적인 오행의 상호관계로서 각각의 오행의 수를 가지고 그의 힘의 균형을 알아보기 위해서 문제를 풀어보기로 한다.

그러나 오행의 개수만 가지고 사주를 단정하기 어렵다. 오행이란 사주 내에 한 개만 있어도 엄청난 기운을 발휘하는가 하면, 반대로 여러 개의 오행이 있어도 단 하나의 오행만도 못한 기운을 가질 수가 있기 때문이다. 오행이 가장 적당하려면 2개 정도이다. 사주에서 음양오행이 각각 2개씩 있으면 가장 좋다. 그런데 사주는 팔자인데 2자가 있어야 10자가 된다. 누구나 2개씩은 부족한 상태이다. 그나마 사주구성에 따라서는 약간 다르다 할지라도 어차피 누구나 오행이 부족하다면 어떻게 해야 하는 것일까?

이 숙제를 시원하게 풀어줄 사람은 아무도 없다는 것이다. 그래서 인생은 그 모자라는 두 글자를 채우기 위해서 영구히 노력하고 무한한 정성을 귀울이면 살아가는지도 모른다. 사주에 모자라는 오행을 채우기 위해서는 우선 그 오행에 필요한 것들을 하나씩 보충해 나가는 것이 최선이라고 본다.

사주 내에서 木이 부족하면 木은 동쪽이고 색깔은 녹색이며 숫자는 3과 8이 木이라 했다. 옷이나 넥타이를 매더라도 녹색을 자주 사용하고 잠을 잘 때에는 동쪽으로 머리를 두고 자는 것이 제일 좋다.

또 숫자 사용은 전화번호나 기타 차량번호 또는 자기가 가지는 숫자 3, 8 木에 해당되는 것을 메꿔 줌으로써 부족한 부분을 채워주는 것이다. 가령 서울을 중심으로 이사를 가더라도 동쪽 방면에서 살게 되면 좋다는 것이다. 살아가면서 한 가지씩 보완하는 방법밖에 없다. 사주에서 火가 부족하거나 없다면 이것의 색깔은 빨강 즉 적색이며, 방향은 남쪽이며, 숫자는 2, 7 火이다. 사주 내에서 土가 부족하거나 없다면 土의 색은 황색이며 중앙 土라 했으니 서울 중심에서 사는 것이 좋으며, 아니면 농촌에서 사는 것이 제일 좋다. 다음은 사주 내에서 金이 부족하면 金은 백색이고 방향은 서쪽이다. 숫자는 4, 9 金이다. 사주에서 水가 부족하거나 없으면 水는 북쪽이요 색깔은 검은색이다. 1, 6 水라 했다. 사주오행에서 없거나 부족하다면 필히 없는 것을 한 가지라도 채워주는 것이 상책이다.

사람도 배가 고프면 밥을 먹어야 하고 인체에도 비타민이 부족하다면 비타민을 먹어야 해결이 되고 추우면 따뜻하게 해주어야 하듯이 무엇이든지 부족한 면을 채워주어야 좋아진다고 생각하면 된다. 그래서 인생은 태어날 때부터 사주팔자를 타고 나오므로 그 두 자를 채워주기 위해서 노력하며 살아가는 것이다. 사주학에서 완벽하게 좋다는 사주는 그 누구도 보지 못했을 것이다. 인간이 완벽할 수 없다는 것은 바로 이런 점을 두고 하는 이야기이다.

누구나 장단점이 있기 마련인데, 다만 어느 부분이 부족한가에 차이가 있을 뿐이다.

화(火)가 많아서 고혈압 환자다.

[표 1] 오행으로 보는 사주 예

시주	일주	월주	년주	구분
甲 寅	戊 午	丙 申	丙 午	사 주
木 木	土 火	火 金	火 火	오 행

이 사주는 戊午 일주가 申월에 태어나서 실령을 하였고 사주 내에서 水가 부족하여 신장과 심장이 부실하다. 이렇게 되면 고혈압, 중풍을 조심해야 한다. 火오행이 너무나 많으므로 건강상에는 좋지 못하다. 水오행이 한 글자만 있었다면 오행이 잘 돌아서 순행을 할 것인데, 아쉽게도 水오행이 없다.

오행이란 하나라도 돌다리 역할을 해주기 때문에 그 부족한 하나만 다리를 놓아주면 아무거침이 없이 건너다닐 수가 있는 것이다. 사주에서는 水는 만물의 영양소가 되듯이 사주 원국에서도 이것은 예외가 아니다. 메마른 땅에 절실히 필요한 것이 있다면 그것은 바로 물이다. 그리고 水와 火는 음양(陰陽)이 되어서 사주 내에 水가 없다면 이것은 신장이 나빠지는 것은 물론이고 그 여파는 곧 심장으로 이어지게 되어서 고혈압 환자가 된다.

목(木)이 없어서 간장이 허약하다.

[표 2] 오행으로 보는 사주 예

시주	일주	월주	년주	구분
辛 丑	丁 未	壬 戌	戊 辰	사 주
金 土	火 土	水 土	土 土	오 행

이 사주는 丁未 일주에 월지가 戌土가 되어서 土오행이 5개로서 사막을 이루고 있으며, 거기에 초목은 하나도 없다. 이러한 사람은 성격이 태평성대다. 날아가는 뜬 구름만 잡는 격이고, 위장은 부실하고 오장육부는 허하다. 특히 간담이 약하다.

그것은 땅이 넓고 수분과 온도가 적당하면 자연히 초목은 우거지게 되는 것이 자연의 법칙인데, 초목인 木이 없다 함은 황무지라는 뜻이 된다. 그래서 오행은 이처럼 골고루 타고나기가 여간 쉽지 않다.

그러나 이 사주의 경우에는 일간이 丁火로서 절실히 필요한 것이 木인데, 아쉽게도 木오행이 하나도 없다는 것은 매우 불행한 일이다. 다른 오행보다도 木오행이 절실히 필요하다.

화(火)가 없어서 심장이 허약하다.

[표 3] 오행으로 보는 사주 예

시주	일주	월주	년주	구분
癸 酉	甲 戌	甲 子	戊 子	사 주
水 金	木 土	木 水	土 水	오 행

이 사주는 甲戌 일주가 子월에 태어나서 월지를 얻었다. 그런데 사주에서 火오행이 한 글자도 없어서 심장이 허약하고 金오행도 허약하여 폐와 기관지가 약하다.

이 사주는 甲木이 2글자씩이나 있어서 여자 사주 같으면 팔자가 드세다하여 쌍팔통 사주가 된다.

사주 내에서 甲木이 1개만 있어도 대부분 발품을 파는 직업으로서 바쁘게 뛰어다니게 된다. 이 사주는 火오행이 없으므로 실속 없이 떠돌아다니는 세월 좋은 한량 사주다. 특히 사주 내에 火오행이 하나도 없으니 온도가 절실하다. 이는 사람이건, 식물 또는 동물이건 온도가 적당해야 모든 생물체가 잘 자라게 된다는 이치와 같다.

토(土)가 약하여 위장이 허약하다.

[표 4] 오행으로 보는 사주 예

시주	일주	월주	년주	구분
壬 辰	辛 卯	壬 寅	壬 寅	사 주
水 土	金 木	水 木	水 木	오 행

이 사주는 辛卯 일주로서 水오행과 木오행이 너무 많은 반면에 火오행과 土, 金 오행이 허약하다. 이렇게 되면 사주 내에 火가 없으니 심장이 약하고 土가 약하여 위장도 허약하다. 金오행이 적어서 폐와 기관지도 약하다. 그렇다고 간이나 신장이 건강한가 하면 그렇지도 못하다.

무슨 오행이든지 2개 이상이 되면 좋지 않다. 너무 많으면 허하다는 것으로, 이 사주에서는 간장과 신장이 허하다는 뜻이다.

너무 많아도 지나치다고 보고 병적이라는 뜻이 된다. 오행이 너무 적어도 약하다는 뜻으로서 사주를 감별할 때 너무 많거나 너무 적은 것은 좋지 못하고 가장 적당한 것을 바라고 있다.

수(水)가 없어서 신장이 허약하다.

[표 5] 오행으로 보는 사주 예

시주	일주	월주	년주	구분
辛 未	甲 戌	辛 未	甲 午	사 주
金 土	木 土	金 土	木 火	오 행

이 사주는 甲戌 일주가 월지에 未土가 있어서 득령을 하지 못했고, 사주 내에 水가 없다. 그래서 첫번째로 신장이 허약하다고 보는 것이다. 그래서 오행은 골고루 있어야 좋다. 하지만 오행이 골고루 있기가 여간 어려운 일이 아니라는 것이다. 이 사주는 土가 가장 많고 金이 2개씩이므로 적당한 양이나, 水오행이 하나도 없다. 火오행도 약해서 이

사람은 신장이 허약하다.

반면에 위장도 허하다. 오행이란 너무 많아도 좋을 것이 못되고 아예 없는 것은 더욱 좋지 않다. 사주 내에 水가 적당히 있으면 木이 잘 자라게 되는데, 水오행이 없으므로 절실히 필요한 것이다. 메마른 땅에 고목이 자라기는커녕 시들시들해 가는 형국이다.

토(土)가 없어서 위장이 허약하다.

[표 6] 오행으로 보는 사주 예

시주	일주	월주	년주	구분
庚 寅	丙 申	壬 寅	辛 巳	사 주
金 木	火 金	水 木	金 火	오 행

이 사주는 丙申 일주인데 사주 내에서 金오행이 3개이므로 과다한 반면에 土오행이 하나도 없으니 균형이 맞지 않는다.

사주에서 土는 위장에 해당되어서 위장이 허약하다. 金이 3개로서 폐와 기관지도 허약하다. 그러나 간장이나 심장은 튼튼하다고 볼 수 있다. 오행이 가장 적당하게 2개씩 자리 잡고 있다.

사주 내에서 어느 오행이라도 2개 정도가 가장 적당하다고 보는 것이다. 그러므로 2개 이상이면 너무 과하여 실하다고 보고 오히려 병적이 된다. 그리고 오행이 1개이면 허가 되어서 이것도 허약하다는 뜻이 된다. 그런데 허약하면 앞으로 병에 걸릴 위험성이 가장 높다고 보게 되므로 사주의 주인공이 나이가 많아서 몸에 氣가 다 떨어지게 되면 허약한 부위의 기관에서 병이 오게 마련이다.

목화(木火)가 없어서 간장과 심장이 약하다.

[표 7] 오행으로 보는 사주 예

시주	일주	월주	년주	구분
壬 子	壬 辰	戊 子	庚 子	사 주
水 水	水 土	土 水	金 水	오 행

이 사주는 水오행이 많아서 물이 범람하고 있다. 水가 5개나 되어서 바다를 이루고 있다. 木오행이나 火오행이 없

는 것이다. 간 기능과 심장이 특히 좋지 못하고 신장도 실하다. 실이란 병적이란 뜻이다. 약하면 허하지만 실이란 너무 많아서 병적이란 뜻이다. 오행이 이렇게 한쪽으로 집중되어 있으면 매사가 잘될 리가 없다. 사주에 동남쪽이 텅 비어 있으니 사회적으로 원만한 활동은 기대하기가 어렵다. 이 사주는 사주 내에 오행을 水가 장악하게 되어서 아예 물로서 하는 직업으로 많은 물의 자원을 활용함이 제일 적당하다. 이렇게 많은 물 속에서는 식물도 온도도 그 존재의 타당성이 없게 되는 것이다.

사주 오행에서 본 재물 운

예로부터 큰 부자는 하늘이 내고 작은 부자는 열심히 노력하는 데서 비롯된다고 하였다. 이러한 명언들은 우연히 전해진 말이 절대로 아니다.

역학에서 보는 사주란 모두 8글자(八字)에 불과하지만, 그 여덟 글자 속에는 마치 컴퓨터 속의 칩(蟄)처럼 인간의 수십만 가지의 정보가 들어 있다는 것은 짐작조차 하기 어려울 것이다.

그래서 우리는 그 여덟 글자를 가지고 그 사람의 능력을 가늠케 하는 것을 알아보자는 것이다. 예를 들어, 그릇을 만드는 도자기공장에서 공기를 만들었다면 그것이 깨어져 없어질 때까지 공기요, 대접을 만들었다면 그 대접이 수명이 다할 때까지 대접이다.

그렇다면 인간도 마찬가지이다. 이 세상에 태어날 때에 이미 그릇은 정해져 있다는 것이다. 그 사람의 부와 명예와 지능은 결정된 상태이다. 가령 예를 들어서 옥돌이 있다고 하면 우리는 그 옥돌을 갈고 닦아야 비로소 보석류에 들어가듯이 인간도 마찬가지이다. 대접에 빛을 내고 깨끗하게 윤기를 내려면 씻고 닦아야만이 빛을 내게 되는 것이다.

우리가 배우고 수양을 쌓고 하는 것은 인격과 지식을 쌓아서 한평생 편안하고 인간답고 명예스럽게 잘 살아보자는 데 그 목적을 두고 있다.

사주팔자의 여덟 글자 속에 있는 감추어진 재물의 비밀을 알아보기로 한다. 과연 어떤 사주를 가진 사람이 어떻게 부를 누리고 살아가고 있는지 알아보기로 한다.

재성(財星)이 많아서 재물이 많다.

[표 3] 재물 운 사주 예

시주	일주	월주	년주	구분
辛 亥	丁 酉	己 卯	甲 申	사 주
金 水	火 金	土 木	木 金	오 행

이 사주는 丁酉 일주에 己卯 월주로서 丁火가 월지를 얻어서 신왕하다. 지지에서 亥卯의 목국으로 신을 도와주고 년주에 甲木이 있어서 신이 왕하다. 신이 왕하면서 일지의 酉金에 재성을 깔고 앉아서 재물 운이 매우 좋다. 사주에서

보통 일지에 재를 깔고 앉게 되면 많은 돈을 벌 수 있다고 한다. 그러나 사주의 구성에 따라서 달라지는 것이다. 이 사주는 丁酉 일주가 귀격이고 신강하여 많은 돈을 벌게 된다. 그러나 많은 재산을 벌어서 지키는 것이 더욱 어렵다. 그것은 사주의 팔자는 선천적으로 타고난 운이라면 이 선천적인 사주를 운영해 나아갈 후천 운이 있는데, 그 후천 운이란 대운과 해마다 돌아오는 세운이다. 그래서 10년마다 바뀌는 대운과 세운을 잘 만나야 비로소 사주가 부귀영화를 누릴 수가 있는 것이다.

일지에 재성(財星)을 깔고 앉았다.

[표 4] 재물 운 사주 예

시주	일주	월주	년주	구분
甲 子	己 亥	丙 午	丁 酉	사 주
木 水	土 水	火 火	火 金	오 행

이 사주는 己亥 일주에 丙午 월주로서 일간이 午火에 생을 받고 있어서 신강한 사주다. 그리고 己亥 일주에는 재를

깔고 앉은 격이니 재물 운 또한 걱정할 필요가 없다. 그러나 이 사주는 돈을 많이 벌 수는 있지만, 쓰는데 인색하여 사회에서 추종을 받지는 못하고 구두쇠 소리를 듣게 되는 사주이다.

더구나 사주 내에서 관(官)이 없어서 주위에 명성이 알려지지 못하고 홀로 움켜쥐고 앉아 있는 격으로 존경받는 부자가 못된다.

재물은 물이 흐르는 이치와 같아서 들어오는 돈이 유통이 잘 되어야 새로운 재물도 순탄하게 들어오게 되는 것이다.

재국(財局)을 형성하여 큰 재물이 있다.

[표 5] 재물 운 사주 예

시주	일주	월주	년주	구분
癸 巳	丙 申	庚 寅	戊 辰	사 주
水 火	火 金	金 木	土 土	오 행

이 사주는 丙申 일주에 월주 또한 庚寅 월로서 월지에 寅木의 인수가 있어서 신왕한데다, 사방으로 재국(財局)을 형

성하고 있어 재물을 크게 모으는 사주다.

그리고 이 사주는 월간에 庚金이 편인인데다, 년주가 편인을 생해주게 되어서 조상으로부터 큰 재물을 물려받게 된다. 어떻든 물려받은 재물도 많고 본인이 축척하게 되는 재물도 많게 된다.

그런데 사주를 볼 때 월지에서 일간을 도와주는 인수가 있어야 한다는 점을 꼭 기억해야 한다. 월지에서 인수가 있는 것을 보고 월령을 얻었다고 하는데, 사주는 일단 월령을 얻은 후에 신이 강할 때 재가 있어야 진정한 재이다. 그렇게 본다면 이 사주는 재운(財運)이 있다고 보는 것이다.

일지 · 재(財) – 재물복에 처복까지 있다.

[표 6] 재물 운 사주 예

시주	일주	월주	년주	구분
辛 酉	戊 子	乙 巳	壬 辰	사 주
金 金	土 水	木 火	水 土	오 행

이 사주는 戊子 일주에 乙巳 월주에 시주 또한 丁酉로서

신강하다. 그리고 재를 깔고 앉은 상태라서 재물을 많이 모으는 사주다.

이 사주의 주인공은 재물을 조상에게서 물려받은 것도 많을 뿐 아니라, 본인의 노력으로도 많은 돈을 벌 수 있어서 사회에 환원하는 후덕한 사주의 구성이다. 그것은 본인의 오행이 戊土가 되어서 土는 모든 만물이 자랄 수 있는 터전이기 때문에 희생적인 면이 많다.

그리고 사주 오행에서 일간이 土가 되어서 재는 水인데 土가 물을 머금고 있게 되면 초목이 자라나게 되어서 사주의 구성이 좋다고 본다. 土는 그래서 생명의 원천이 된다.

재성(財星)이 적어서 재물이 적다.

[표 7] 재물 운 사주 예

시주	일주	월주	년주	구분
丁 卯	甲 戌	壬 子	丁 亥	사 주
火 木	木 土	水 水	火 水	오 행

이 사주는 甲戌 일주에 壬子 월주, 丁亥 년주이다. 신왕하

고 일지에 재성(財星)을 깔고 앉아서 재물 운이 좋다. 남자 사주에서 재는 처복이고 재물 운이다. 더구나 甲戌 일주는 일지가 土로서 일간 甲木의 재를 깔고 앉았다. 그러나 사주가 신강한데 비해 재가 戌土로서 1개밖에 없어서 본인이 살아가는 데에는 크게 어려움은 없을지라도 큰 재물을 모아서 재벌이 되는 것은 아니다.

이 사주는 사주의 구성상 재물을 벌어서 모으는 만큼 사회에 봉사하는 사주다. 그래서 주위에서 존경받는 인품의 소유자다.

재다신약은 가난하다.

[표 10] 재물 운 사주 예

시주	일주	월주	년주	구분
乙 未	辛 卯	己 卯	甲 子	사 주
木 土	金 木	土 木	木 水	오 행

이 사주는 辛卯 일주가 己卯 월주에 태어나서 월지에 재를 만났고 일지 또한 편재가 되었다. 월지 卯木 지장간에 甲

木, 乙木 천간에 투출이 되어서 정재, 편재 격이 되었다.

사주가 신왕하고 재가 많은 것은 길명이 되는데, 신약에 재가 많은 것은 허약한 몸에 일거리만 많이 맡기는 것과 같아서 좋지 못하다.

재가 많고 신이 약한 사주는 대운에서 용신이 들게 되면 일확천금을 벌어들이게 되어서 좋으나, 용신 운이 지나가게 되면 하루아침에 재물이 수풀 위의 이슬처럼 사라지게 된다.

남자 사주에서 재가 많고 신약하면 재는 여자와 재물을 말함인데, 재의 힘이 막강하여 부인에게 꼼짝 못하고 잡혀서 살게 된다.

그리고 재도 卯의 재는 양(陽)의 재가 되어서 춘절에 木의 재가 된다 함은 부인이 유난히 활발하고 남자와 같아서 남편을 휘어잡지 못하면 몸져눕게 된다.

사주 오행에서 본 애정 운

사주 오행을 보고 그 사람에 대한 애정 운을 살펴본다. 애정이란 선천적으로 타고난 운이 필요하다. 선천적으로 무뚝뚝한 사람이 가면을 쓰고 아무리 애교를 부려보았자 어색할 뿐이다.

그래서 사람은 태어날 때부터 선천적으로 애교를 타고난 사람이 있는가 하면, 그렇지 않은 경우도 많다. 그러나 성격이 무뚝뚝하다고 해서 애교나 사랑이 없는 것은 아닐 것이다.

내심적으로 인정이 많아서 상대방을 잘 이해할 줄 알아야 할 것이다. 애정이란 서로 주고받는 것이지 일방적으로 주거나 받으려 해서는 승산이 없다.

하루 이틀은 모르겠지만 평생을 두고 살아가야 하는 부부관계라면 더더욱 그렇다. 손바닥도 마주쳐야 소리가 나듯이 혼자서는 안 될 말이다. 그래서 남녀가 짝을 지어 쌍을 이루려 하면 반드시 궁합을 보게 되는데, 궁합 속에는 남녀의 장단점을 보완할 수 있다.

서로가 필요로 하는 오행이 사주 내에 갖추어짐으로써

궁합이 좋다, 나쁘다로 판가름을 하는 것이다. 가령, 며칠이나 몇 개월 정도라면 본인이 가진 장점을 살려서 좋은 인상을 받을지 몰라도, 세월이 오래도록 지나면 본성이 드러나기 마련이다.

그래서 우리는 사주학을 공부하는 입장에서 어떠한 사주를 가진 사람이 애정 운이 좋은가를 판독해보기로 한다.

사주오행이란 불완전한 구성을 하고 있어서 그 여덟 글자간의 배열이 가장 중요하고 오행이 많고 적음도 관계가 있다.

합이 많아서 애교 만점이다.

[표 1] 애정 운 사주 예

시주	일주	월주	년주	구분
辛 丑	壬 申	丁 卯	壬 申	사 주
金 土	水 金	火 木	水 金	오 행

이 사주는 壬申 일주에 일지가 申金으로 지지는 부인이고 천간은 남편이 되는데, 일주가 금생수(金生水)해 주는

관계로 부부애가 좋다.

천간 역시 일간과 월간이 丁壬合木이 되어서 애정 운이 매우 좋다. 사주 내 오행이 합이 많음으로써 타인의 말을 잘 따르게 되고 배려심이 깊다. 특히 일주가 금생수하여 물이 흐르듯이 순행을 하게 되어서 애정은 물론 사교 면에서도 만점이다.

정미(丁未) · 일주 – 부부애가 좋다.

[표 3] 애정 운 사주 예

시주	일주	월주	년주	구분
辛 亥	丁 未	壬 午	戊 辰	사 주
金 水	火 土	水 火	土 土	오 행

이 사주는 丁未 일주로서 일주가 화생토(火生土)하여 부부애가 좋아서 해로할 수 있다. 천간도 丁壬 합이 되고 지지도 亥未 합이다. 사주 내에서 생하는 오행이나 합하는 오행이 많으면 애정 운이 길하다. 년주와 월주는 극을 하지만, 일주와 시주가 서로 생해주는 오행끼리 배합이 되어 있으

므로 부부의 애정 운이 좋고 자식과의 관계도 좋은 편이다. 이 사주는 일간이 丁火인데 일지가 未土가 되어서 화생토(火生土)하여 천간이 지지를 생한다 함은 남자가 여자를 아껴주고 사랑을 한다는 표시이다. 사주를 보고서 부부의 애정 운을 판단할 때 가장 먼저 일주에 오행이 순행하는 이치로서 보게 된다.

신미(辛未) · 일주 – 부부 금슬이 좋다.

[표 4] 애정 운 사주 예

시주	일주	월주	년주	구분
丁 酉	辛 未	乙 巳	壬 辰	사 주
火 金	金 土	木 火	水 土	오 행

이 사주는 辛未 일주이다. 未土가 辛金에게 토생금(土生金)하여 순행하는 이치로서 애정 운이 좋아서 부부 금슬이 좋다. 이 사주도 년주나 시주는 서로 극하고 있지만, 월주가 목생화(木生火)를 함으로써 순행을 하고 있고 일주가 제일 중요하므로 부부애가 좋다.

그리고 일지와 월지가 巳午未 방합의 반합이 되고 巳酉의 삼합의 반합이 되어서 오행이 합이 된다 함은 성격을 보는 것이므로 타인과에 관계에 있어서 중계인 역할을 하게 된다.

그런데 한 가지 아쉬운 것은 월간과 일간이 乙辛 충이 되어서 이러한 충은 부부간에 애정 운에도 영향을 끼치게 된다.

신유(辛酉) · 간여지동 – 타인과 융화가 어렵다.

[표 5] 애정 운 사주 예

시주	일주	월주	년주	구분
乙 未	辛 酉	甲 辰	乙 未	사 주
木 土	金 金	木 土	木 土	오 행

이 사주는 일주가 辛酉 일주로서 오행이 金金으로 생해주지 못하고 있고, 같은 오행이므로 부부애가 좋다고 할 수 없다. 일주의 오행이 같으면 성격이 같아서 싸우게 되면 양보가 없게 되고 고집이 세다. 년주, 월주, 시주 어느 하나 생해 주고 순행하는 오행이 없다. 이렇게 되면 성격

이 비관적이고 아집 때문에 타인과 융화가 어렵고 사회에 대한 적개심 때문에 패가망신하게 된다. 더구나 애정 운 같은 것은 아예 찾아보기 힘들다. 사주에서는 일주가 가장 중요한 것인데, 일주가 천간과 지지가 모두 金이 되었다 함은 金과 金은 그 성격이 같아서 같은 오행끼리 만나면 융통성이 없게 된다.

갑자(甲子) · 일주 – 난봉꾼이다.

[표 6] 애정 운 사주 예

시주	일주	월주	년주	구분
癸 酉	甲 子	戊 子	甲 戌	사 주
水 金	木 水	土 水	木 土	오 행

이 사주는 일주가 甲子이다. 지지가 천간을 생해 주므로 부부애가 좋을 것 같으나, 甲子 일주는 남자라면 주색잡기로서 애정 운에 풍파가 많고 여자라면 본인의 氣가 강하여 타 남자는 많이 따르나 정작 남편운이 없게 된다.

이 사주의 주인공은 주색을 밝히는 형국으로서 풍류를

즐긴다. 그러나 부부운 이외에 타인과의 사회생활면에서는 포부가 남달리 크고 사교성이 풍부하여 주위의 관심을 끌게 되고, 일간이 甲木인데 木을 생해 주는 水 오행이 많아서 수생목(水生木)으로 나를 생해 주는 세력이 많음으로 인덕이 많게 된다. 그러나 甲木이 강하므로 남자라면 바람기가 다분하다고 보는 것이다.

경인(庚寅) · 일주 – 애처가이다.

[표 7] 애정 운 사주 예

시주	일주	월주	년주	구분
己 卯	庚 寅	癸 未	乙 未	사 주
土 木	金 木	水 土	木 土	오 행

이 사주는 庚寅일주이다. 월지가 未土로서 일간에서 토생금(土生金)하여 오행이 생을 해주므로 부부애가 좋다. 사주가 이렇게 순행하면서 연간과 일간이 乙庚合金이 되면 애정 운이 따른다.

처 덕도 있고 재산도 모을 수 있고, 자식 또한 효도하는 집안이 되어서 화목하다. 애정 운이 있어서 애처가를 두게 된다.

이 사주는 火오행이 부족하여 건강상에 심장이 약하고 일간이 庚金인데, 나를 생해 주는 인수가 너무 많아서 손해 보는 경우이다. 음식을 너무 많이 먹게 되면 사람이 나태해지게 되어서 좋지 못한 것과 같은 이치이다. 사람도 배가 부르면 움직이기 싫어하듯이 사주도 마찬가지이다.

신묘(辛卯)·일주 – 현모양처이다.

[표 8] 애정 운 사주 예

시주	일주	월주	년주	구분
甲 午	辛 卯	己 丑	乙 巳	사 주
木 火	金 木	土 土	木 火	오 행

이 사주는 辛卯 일주이다. 월주가 토생금(金生水)으로 순행하므로 부모 덕이 있게 된다. 월주는 부모 궁이므로 천간에서 甲己合土하였으므로 기타 애정 운도 따르게 되는 것이다. 그리고 일주가 辛卯이므로 천간은 辛金인데 일지는

卯木이 되어서 재성이 된다. 남자 사주에서는 생해 주는 오행뿐만 아니라 일지에 재성(財星)을 깔고 앉게 되면 처 덕이 있다 하여 매우 좋게 보는 것이다. 남자 사주에서 재란 재물과 여자를 뜻하기 때문이다. 그래서 이 사주는 먹고 사는 데에는 걱정을 할 필요가 없고, 일지에 재를 깔고 앉았으므로 현모양처를 얻게 되는 것이다. 사주 일간이 신왕하고 재를 깔고 앉아서 재물 운과 처 덕이 있게 된다.

사주 오행에서 본 직업 운

인간은 이 세상에 태어나면서부터 어디에서 무슨 일을 하고 누구를 만나고 어떻게 살라는 천명을 받고 태어났다.

하지만 우리 인간은 우둔한지라 이 세상에 와서 어떤 일을 해야 할지를 모르고 있다. 그래서 혹시나 하는 마음에서 투자를 했다가 실패도 해보게 되고, 또 그러다보면 언젠가는 자기의 본분에 맞는 적당한 직업을 가지게 되는 경우이다. 그것도 타고난 사주에서 좋은 운이 들어옴으로써 비로소 본인에게 알맞은 직업을 가지게 되는 경우이다. 우리는 사주 오행에서 어떤 사람은 어떤 일을 해야 좋은지에 대해서 알아보려는 것이다.

우리는 사주공부를 하면서 모든 것을 한꺼번에 다 얻어보려는 생각보다는 가장 쉽고 판독하기가 쉬운 것부터 하나하나 익혀나가는데 그 목적을 두어야 한다. 그리고 일정한 시간이 흐른 뒤 자신도 모르는 사이에 실력이 향상될 것이고 세월이 지나면 능숙한 역학자가 되리라고 확신한다.

수(水)가 없어서 수산업이 좋다.

[표 1] 수산업 사주 예

시주	일주	월주	년주	구분
甲 午	丙 午	庚 寅	戊 寅	사 주
木 火	火 火	金 木	土 木	오 행

이 사주는 丙午 일주에 庚寅 월주이고 시주 또한 甲午 시주로서 불(火)의 기운이 너무 강하므로 물(水)이 필요하다. 사주 내에서 火 오행이 강하면 火氣를 제압하는 직업을 가진다. 그래서 물을 만지는 직업이 좋다. 수산업이나 주류업, 빙과나 스키장・수영장 같은 물과 직접적으로 관계가 되는 사업을 하면 수입도 좋아지고 건강도 좋아지게 된다.

그리고 火의 기운을 설기해가는 土의 직업도 무난하다. 어느 오행이라도 너무나 왕하게 되면 왕한 오행의 기운을 설기 해 주는 것이 좋다.

금(金)이 없어서 철강업종이 좋다.

[표 2] 철강업 사주 예

시주	일주	월주	년주	구분
戊 寅	乙 卯	癸 丑	丁 未	사 주
土 木	木 木	水 土	火 土	오 행

이 사주는 乙卯 일주에 癸丑 월주로서 사주 내에 金 오행이 없어서 쇠를 만지는 직업이 적당하다. 금속, 제철, 철강, 기계, 철광산, 공구, 철로서 가공하는 자동차라든지 이러한 직업을 가지게 되면 재산이 모이게 되고 기분과 건강이 좋아진다.

사주를 보고 어떠한 직업이 가장 잘 어울리겠느냐고 물어 오는 경우가 많은데, 그것은 사주에서 가장 약한 오행 쪽으로 직업을 구해야 한다. 부족한 오행을 채워주는 역할을 함으로써 재물도 들어오게 되고 건강도 좋아지게 된다.

토(土)가 약해서 토건업종이 좋다.

[표 3] 토건업 사주 예

시주	일주	월주	년주	구분
丙 寅	己 卯	辛 酉	辛 未	사 주
火 木	土 木	金 金	金 土	오 행

이 사주는 己卯 일주에 월주가 辛酉 년주가 辛未 시주는 丙寅으로서 땅이 너무나 좁아서 나무가 들어설 자리가 부족하다. 이 사주는 토건업, 부동산중개업 및 약재·농산물 같은 것을 취급하면 좋다. 그 밖에도 철학, 역학, 종교계에서 종사하는 직업이 알맞다. 특히 사주 내에서 土 오행이 부족하다면 土는 재산이므로 재산을 많이 모을 수가 없다. 그래서 土에 해당되는 직업을 가지게 되면 재산이 모이게 되고 건강도 뒤따르게 된다. 사주에서 土 오행이 부족한 사람이 땅을 사 놓으면 재운이 들어 올 때 땅값이 올라가게 되면 재물을 모을 수 있다. 그러나 사주에서 土가 부족 한 사람이 다른 사업을 하려고 투자를 하면 바쁘기만 하고 소득은 별로 없고 건강까지 잃게 되는 경우가 많다.

화(火)가 약해서 언론방송 업종이 좋다.

[표 4] 언론방송인 사주 예

시주	일주	월주	년주	구분
戊 寅	乙 亥	庚 辰	辛 卯	사 주
土 木	木 水	金 土	金 木	오 행

이 사주는 乙亥 일주에 庚辰 월주, 戊寅 시주이다. 사주 내에 火 오행이 하나도 없어서 많은 水·木을 잠재울 수 없어서 직업을 선택할 때 난방기구 업종, 의류, 전기전자, 컴퓨터, 미장원, 숯불고기집이나 언론방송, 화학섬유 계통이 알맞다. 본인의 적성에 맞는 직업을 고르면 사주에서 대운이 잘 들어올 때 재물도 쌓이고 건강도 뒤따르게 된다. 그런데 사주에서 대운이 잘못 들어서 운이 없으면 올바른 판단을 하기가 어려워져서 자칫 생각을 잘못하여 되는대로 직업을 선택하다가는 패가망신하기 십상이다.

화(火)가 약해서 난방 온열 직업이 좋다.

[표 5] 서비스업 사주 예

시주	일주	월주	년주	구분
甲 辰	壬 申	辛 丑	乙 巳	사 주
木 土	水 金	金 土	木 火	오 행

이 사주는 壬申 일주에 辛丑 월주, 년주가 乙巳로서 사주가 이렇게 되면 일주가 金·水로서 너무 차고 냉하므로 온도를 주어야 한다. 그래서 난방기구나 전기전자제품, 섬유 등을 다루는 직업이 좋다. 전기전자, 컴퓨터, 화학섬유, 미용실, 언론계통, 교육자, 갈비집 같은 것이 火에 해당되는 직업이다. 가령 본인 사주에 맞지 않은 직업에 종사하게 되면 몸이 나빠지고 재산이 불어나지가 않는 것이 특징이므로, 되도록이면 사주에 맞는 직업을 선택하는 것이 바람직하다. 어떤 이는 사주에서 전국이 크게 발복할 수 없는 구성이었는데, 火가 부족하여 의류사업을 하였더니 크게 돈을 벌었다고 하면서 사주 보려고 찾아왔다는 것이다. 위 사주와 비슷한 경우이다.

수(水)가 많아서 주류업이다.

[표 6] 주류업 사주 예

시주	일주	월주	년주	구분
辛 亥	壬 子	癸 未	庚 子	사 주
金 水	水 水	水 土	金 水	오 행

이 사주는 壬子 일주가 모두 水인데 년주가 庚子로서 오행이 金·水요 월주가 癸未, 시주가 辛亥로서 金·水가 되어서 사주가 이렇게 되면 월지만 未土가 되고 나머지는 모두 金·水 오행으로 되었다. 이렇게 된다면 물도 많은 곳을 따라 가듯이 사주라고 해서 다를 바가 없다.

오행이 이렇게 되어서 타 직업을 갖게 되면 오히려 혼란만 초래하게 되므로 아예 제일 세가 강한 水를 따라서 물로 하는 직업을 택하는 것이 가장 안전하다.

예를 들어 물을 다루는 장사를 하게 되면 그 자원이 사주 내에 풍부하여 얼마든지 퍼 쓰더라도 고갈이 되지 않는 이치와 같은 것으로서 그 계통에서 크게 성공할 수 있는 것이다.

수(水)가 고갈이 되어서 해운업이다.

[표 7] 해운업 사주 예

시주	일주	월주	년주	구분
甲 寅	戊 午	丙 申	丙 午	사 주
木 木	土 火	火 金	火 火	오 행

이 사주는 戊午 일주에 丙申 월주 그리고 甲寅 시주이므로 사막에 나무를 심어놓은 격으로 이렇게 메마른 땅에는 물이 절실히 필요하므로 물을 이용하는 업종이 어울린다.

음료식품이나 해운업, 수산업, 빙과류, 수영장, 목욕탕, 스키장, 법관 등이 水 업종에 속한다.

이 사주의 주인공은 혹 위의 직종과 다른 장사를 해서 돈을 많이 벌게 되더라도 건강이 나빠진다는 사실을 알아두어야 한다. 결국 자기에게 알맞은 직업을 가지면 결과적으로 재산이 모이게 되고 건강도 좋아진다는 것이다. 그래서 사주 원국에서 보아 부족한 오행을 채워주는 직업을 가지는 것이 좋다.

사주 오행에서 본 자식 운

사주에서 자식 운이란 그리 간단하지가 않다. 자식 운은 본인의 말년 운과 맞물려 들어가는데 시(時)가 좋아야 한다. 예로부터 사람은 시를 잘 타고나야 한다고들 말했다. 시운(時運)을 잘 타고나면 말년 운이 좋다는 것인데, 이 말년 운이 좋으려면 자식이 똑똑하게 잘 태어나야 한다는 것이고, 그 자식이 효도를 할 수 있는 자식이어야 한다는 것이다. 아무리 재산을 많이 모아 두어도 자식이 불효자식이면 아무런 소용이 없다. 그리고 말년에 운이 나쁘면 평생 동안 재산을 모아 두었다 해도 자식이 한순간에 탕진하는 경우도 수없이 많이 보아왔다. 그래서 말년에는 고생을 하게 되는 것이다. 그러면 어떠한 사주가 말년 운이 좋고 자식 운이 좋은지 사주의 예를 풀어 보는 것이 도움이 될 것이다.

사주가 아무리 잘 타고 나도 시를 잘 타고 나지 않으면 초년과 중년을 아무리 잘 지냈다 해도 말년 운이 좋지 못하면 비참하게 된다는 것이다.

시간 · 편관 – 자식 덕이 있다.

[표 1] 자식 운 사주의 예

시주	일주	월주	년주	구분
丙 戌	庚 辰	壬 戌	丁 酉	사 주
火 土	金 土	水 土	火 金	오 행

이 사주는 庚辰 일주가 월지에 戌土를 만나서 신강하고 일지와 시지에도 土가 있어서 일간을 토생금(土生金)으로서 도와주고 있어 일간이 매우 왕하다. 그런데 일간이 너무 왕하다 함은 자칫 자만심에 빠질 우려가 있는데, 시간에 丙火가 그나마 편관이 됨으로써 감시를 하고 있는 격이다. 시간에 丙火는 자식의 역할을 하게 되는데, 자식은 원래 관(官)이므로 제자리에서 관의 역할을 하게 되어서 자식의 덕이 있다고 보는 것이다. 예로부터 사주 운명이 아무리 대단한 사람이라도 자식에게 이기는 부모가 없다고 하는 것이다. 부모는 자식을 어릴 적부터 먹이고 입히고 가르쳐서 키워주고 재물까지 물려주게 된다. 그것은 자식이 바로 관성(官星)이기 때문이다. 그래서 시간에 관이 있다 함은 흉으

로 보지 않고 길(吉)로 보게 되는 것이다.

시간 · 식신 – 자식에게 도움이 된다.

[표 2] 자식 운 사주의 예

시주	일주	월주	년주	구분
甲 辰	壬 申	壬 子	丁 未	사 주
木 土	水 金	水 水	火 土	오 행

이 사주는 壬申 일주에 시간이 甲木이고 시지가 辰土가 되어서 水를 지체할 수가 없다. 그런데 시간에 甲木이 있어서 많은 水氣를 흡수해 가게 됨으로써 사주가 살아나게 되었다. 그리고 시지, 일지, 월지가 모여 申子辰이 수국(水局)에 삼합이 되어서 일간에게는 불리하다. 시간에 甲木이 보석과 같은 역할을 하므로 이렇게 되면 자식의 덕을 보는 예이다. 지지에서 삼합이 되고 시간에서는 자식 궁으로서 많은 水氣를 제거함은 사주 전체적으로 보면 크게 도움이 되는 것이다. 사주에서 어느 오행이라도 왕하면 설기가 되어야 좋다.

시간 · 비견 – 자식이 불효하다.

[표 3] 자식 운 사주의 예

시주	일주	월주	년주	구분
甲 子	甲 辰	乙 亥	壬 申	사 주
木 水	木 土	木 水	水 金	오 행

이 사주는 甲辰 일주에 시주 또한 甲子이다. 사주에서 일간과 같은 오행은 비견으로 보기 때문에 신이 왕할 경우에는 비견을 꺼리게 되는 것이다.

그런데 시간에 甲木에 비견이 있어서 좋지가 않다. 일간이 약할 때에는 큰 도움이 되겠지만, 일간이 왕한데 시간에 甲木이 있다 함은 비견으로서 재물을 탐하게 되고, 있는 재산도 모두 빼앗아감으로써 탕진을 하는 것이다.

그러므로 이 사주는 자식 운이 없게 되고, 일간은 본인이고 시간은 자식 운인데 자식과 부모는 확연히 구분이 되어야 마땅한데, 시간에 甲木은 일간의 甲木과 동등한 비견이 되므로 자식의 불효가 막심하게 되는 것이다.

시간 · 편관 – 자식이 출세한다.

[표 4] 자식 운 사주의 예

시주	일주	월주	년주	구분
辛 巳	乙 丑	乙 未	癸 巳	사 주
金 火	木 土	木 土	水 火	오 행

이 사주는 乙丑 일주에 시간이 辛金으로 편관이다. 일간과 월간에 乙木과 월지에 未土가 있어서 신이 강하다. 그런데 시간에 辛金이 일지 丑土의 도움을 받아서 金이 강하게 된다. 이러한 사주는 본인의 신이 강한데 시간에 관(官)도 강하여 자식이 승승장구하는 예이다.

시간은 자식궁으로서 자식이 관이 되어 나쁠 것이 없다고 보는 것이다. 본인이 아무리 돈을 많이 벌어서 부자가 되고 학문을 많이 해서 명예를 얻어 놓아도 결국 이 모든 것은 자식이 가져가고 자식에게 물려주어야 하기 때문이다.

그래서 사주 내에서 시주는 자식 운과 동시에 말년 운으로서 맞물려 있게 된다.

여명에 식상(食傷)이 없어서 무자식이다.

[표 5] 자식 운 사주의 예

시주	일주	월주	년주	구분
丁 卯	己 未	丙 寅	甲 午	사 주
火 木	土 土	火 木	木 火	오 행

이 사주는 己未 일주에 丙寅 월주에 태어나서 월간에 丙火에 정인을 만나서 신왕한 사주다. 연간에 甲木도 년지 午火를 만나서 목생화(木生火)로 화생토(火生土)로 순행을 하고 있고, 시간에 丁火의 편인도 시지에 卯木의 생을 받아서 강하다.

그리고 년지와 월지가 寅午 화국에 반합이 된다. 일간 己土가 편인과 정인의 생을 받아서 일주가 태왕한데 일간이 설기할 곳 오행을 찾지 못하고 있다.

사주에서 오행의 구성은 생을 받은 것만큼 설기를 할 곳이 있어야 마땅한 노릇인데, 받기만 하고 설기하지 못한다면 사주의 구성이 좋지 못한 것으로, 특히 여자 사주에서는 내가 생해서 낳는 오행을 자식으로 보는데, 사주 내에 식신과 상관이 없다 함은 무자식이거나 자식 운이 매우 희박하다고 보는 것이다.

남명에 관(官)이 없어서 무자식이다.

[표 6] 자식 운 사주의 예

시주	일주	월주	년주	구분
己 巳	甲 寅	壬 子	壬 辰	사 주
土 火	木 木	水 水	水 土	오 행

이 사주는 甲寅 일주가 壬子 월주에 태어나서 신이 왕하다. 그러나 사주가 신왕하다고 해서 무조건 좋은 것은 아니다. 甲寅이 천간과 지지에 같은 木木으로 간지동(干支同)이 되어서 음양에 조화가 되지 않았고 월주에도 壬子로 있어서 간지동이다.

사주에서 간여지동이 2개씩이나 있으면 음양의 구분이 없고, 甲寅 일주가 태왕한데 연간에 壬水가 양수(陽水)이고 월주가 壬子로서 水가 태왕하다.

남자 사주에서는 나를 극하는 관이 자식으로, 甲木을 극하는 관인 金오행이 없다.

시지에 巳火의 지장간에 庚金이 있는데 천간에 투출이 되지 못했다. 그리고 투출이 되었다 하더라도 사주 내에서 水氣가 많아서 水에게 설기를 당하게 되면 金은 진기를 다 빼앗겨서 실속은 없고 허울뿐이다.

그래서 이 사주는 무자식하거나 자식 운이 매우 희박하게 된다. 그리고 일주가 간지동이 되면 부부운 또한 희박한데, 이 사주는 가정을 이루게 되면 일간 甲木이 시간에 己土와 甲己合土가 되어서 집을 떠나 도피생활을 하게 되는 격으로 올바른 가정을 이룰 수 없게 된다.

자녀가 유능한 인재이다.

[표 7] 자식 운 사주의 예

시주	일주	월주	년주	구분
丁 亥	庚 辰	丙 申	丙 寅	사 주
火 水	金 土	火 金	火 木	오 행

이 사주는 庚辰 일주가 申월에 태어나서 월지에 득령을

했고 일지에도 辰土의 인수를 만나서 신강하다. 그런데 이 사주는 천간에서 丙火의 편관과 시간에 정관이 있어서 관(官)이 왕하다. 사주에서 신약하고 관이 왕하게 되면 이것은 바로 교도소에 가게 되는 사주인데, 반대로 이 사주는 신이 강한데 관도 강해서 벼슬을 하게 되는 사주이기도 하다. 벼슬이란 여러 가지가 있는데 이 사주는 자식 덕으로 보게 된다.

벼슬의 시기는 대운을 계산해서 각자 풀어보면 좋을 것이다. 자식 또한 시간에 丁火가 정관이 되어서 자식이 똑똑하여 사회에서 인정받는 유능한 인사가 된다.

사주 오행에서 본 조상 덕과 부모 덕

사주 내에서 조상의 덕이나 부모의 덕이나 모두 마찬가지이다. 부모도 조상이기 때문이다. 그런데 사주를 풀어 보면 그것이 절실히 나타나는 것은 조상의 덕이란 주로 음덕으로서 나타나게 된다.

그리고 년주는 조상의 궁이요 월주는 부모의 궁이 되어서 년주에서 일간을 돕는 인수나 재성(財星)이 있을 경우에는 조상의 음덕으로 발복을 하는 것이고, 월주에서 인수나 재성이 있게 되면 부모의 덕이 있게 된다. 그래서 조상의 덕이란 주로 가문에 대한 명예나 재복(財福) 그리고 명당에 발복이 있는 경우가 많으므로, 사주공부를 하게 되면 이러한 예를 상세히 알 수가 있다.

그런데 예로부터 속담에 왕대 끝에 왕대가 나온다는 말이 있듯이, 사람이라고 해서 다를 바가 없다. 사람도 조상대에 훌륭한 인물 많이 배출된 집안에서는 그 후손들도 그의 피를 이어받아서 사회에서 이름을 떨치게 된다는 것이다.

년지 · 편인 – 조상 덕이 있다.

[표 1] 조상 덕 사주의 예

시주	일주	월주	년주	구분
辛 卯	丙 戌	壬 寅	壬 寅	사 주
金 木	火 土	水 木	水 木	오 행

이 사주는 丙戌 일주가 壬寅 월주에 태어나서 월령을 얻었다고 한다. 그리고 년지 또한 寅木이 되어서 월지를 통해 일간에까지 영향을 미치게 되고, 지지가 寅戌에 화국(火局)에 반합을 이루고 있어서 조상과 부모대에는 명성이 자자했던 가문임을 알 수가 있다.

연간과 월간에 壬水는 일간에 관(官)이기 때문에 그 관의 기운은 년지와 월지의 寅木을 수생목(水生木)으로 키워서 寅木은 일간에게 목생화(木生火)로 생을 하고 있고, 寅木의 지장간에는 丙火가 암장되어 있어서 일간과 통하고 있다는 것이다.

그리고 년지와 월지 지장간에는 甲木도 있어서 일간에 인수 역할을 하게 되므로 이것은 지지를 통해서 발복이 있게 되는 것이므로 명당에서 발복이 있다고 보는 것이다.

년지 · 정인 – 조상을 명당에 모셨다.

[표 2] 조상 덕 사주의 예

시주	일주	월주	년주	구분
乙 卯	癸 未	己 丑	戊 申	사 주
木 木	水 土	土 土	土 金	오 행

이 사주는 癸未 일주로서 월지에 득령을 하지 못하여 매우 신약하다. 그러나 년지에 申金이 금생수(金生水)로서 생을 하고 있고 월지에 丑 중에 辛金이 암장되어 있어서 癸水를 돕고 있다.

사주에서 년지와 월지로 신을 도와주는 것은 지지에 운을 받는다는 것인데, 지지란 땅의 기운을 받는다는 것이다. 땅의 기운을 받는다는 것은 조상이 땅 속에 묻혀 있기 때문에 조상을 명당에 모셨다는 뜻이다. 우리는 전 국토의 70%가 산으로 이루어진 좁은 땅덩어리에서 태어났으므로 예로부터 우리는 산의 자식이란 말을 하게 되는데, 이것은 조상이 대대로 산에 묻혔고 때로는 명당 길지에 묻혀 있는 까닭이다. 그래서 우리 인간은 부모와 조상의 뼈를 맑은 정기가 감도는 명당 길지에다 모시고자 노력을 하는 것이다.

년지 · 편인 – 조상의 음덕을 받는다.

[표 3] 조상 덕 사주의 예

시주	일주	월주	년주	구분
丙 辰	戊 子	乙 亥	己 巳	사 주
火 土	土 水	木 水	土 火	오 행

이 사주는 戊子 일주로서 월지에 亥水가 되어서 월령을 얻지 못했고 일지도 득지하지 못하여 신이 약하다. 그러나 이 사주는 조상의 덕을 많이 보고 있다. 그것은 조상을 명당길지에 모셨다는 뜻이다. 시간에 丙火가 투출이 되어 있는데, 그 丙火가 년지 巳火 속에 뿌리를 박고 있어서 신을 생하고 있다.

시간에 丙火가 건강한 인수가 되고 연간에 己土 또한 월지에 亥水 중에 甲木을 끌어다가 甲己合土로서 일간을 돕고 있다.

이러한 사주들은 대부분 조상의 묘지를 명당자리에다 모셨다는 증거가 되는 것이다. 그래서 풍수지리를 연구해 보면 사주와 풍수지리가 따로 떨어진 학문이 아니라 같은 맥락의 학문임을 알 수 있다. 사주를 풀어보면 조상의 음덕을 받고 있는 사주는 확연히 표시가 나게 되어 있다는 것이다.

연간 · 편인 – 조상을 명당에 모셨다.

[표 4] 부모 덕 있는 사주의 예

시주	일주	월주	년주	구분
乙 巳	壬 戌	己 亥	庚 子	사 주
木 火	水 土	土 水	金 水	오 행

이 사주는 壬戌 일주가 己亥 월주에 태어나서 월령을 얻어서 신이 강하다. 그리고 년주가 庚子로서 일간 壬水에게 금생수(金生水)를 하고 있어서 조상과 부모덕이 있다고 본다. 부모덕이 좋은 것은 조상과도 연관성이 있다.

조상의 가업을 부모가 물려받게 되고 부모는 자식에게 가업을 물려주게 되므로 조상덕이 있게 되면 부모를 통해서 본인에게까지 오게 되는 것이다. 년주와 월주가 일간을 생해 주므로 일간이 튼튼하다는 뜻이 된다.

일간이 튼튼하고 신이 강하면 사람이 똑똑하고 사회에서 인정을 받고 출세를 하는 사람이 되는데, 이것은 또한 조상을 산천정기의 명당길지에다 모셔 놓았다는 것이 확인이 되고 있다.

월지 · 편인 – 부모 덕이 있다.

[표 5] 부모 덕 사주의 예

시주	일주	월주	년주	구분
乙 丑	己 亥	戊 午	癸 卯	사주
木 土	土 水	土 火	水 木	오행

이 사주는 己亥 일주가 戊午 월주에 태어나서 월령을 얻었다고 하는 것이다. 일간이 土인데 월지에 午火가 화생토(火生土)를 하게 되어서 월령을 했다고 말하게 된다. 그리

고 월지에 午火가 부모궁인데 년지의 卯木이 목생화(木生火)로서 생해 주고 있어서 조상과 부모 덕이 있다고 말할 수 있다.

그런데 월간과 연간의 관계는 어떨까? 월간에 戊土는 본래 비겁인데, 다행히 연간에 癸水와 戊癸合火로서 합이 되어서 일간에게는 인수로 작용하고 있다. 그렇다면 일간에서 볼 때에는 부모덕이 있다고 보는 것이다. 월간은 부친의 궁이요 월지는 모친의 궁이다. 그렇다면 부친과 모친이 모두 일간을 도와주는 관계가 된다.

월간 · 편인 – 재물을 물려받는다.

[표 6] 부모 덕 사주의 예

시주	일주	월주	년주	구분
甲 辰	丁 亥	乙 亥	辛 巳	사 주
木 土	火 水	木 水	金 火	오 행

이 사주는 丁亥 일주로서 월주가 乙亥가 되어서 당장은 월령을 얻지 못했으나, 일간 丁火가 나약하여 월간에 乙木

의 도움이 크고 월지·일지의 지장간에 甲木이 시간에 투출이 되어서 사주가 이렇게 되면 지장간의 도움을 크게 받게 된다. 지지에서 일간을 도와주는 역할이 크면 지운을 얻었다는 것으로, 지운이란 땅의 도움을 말하는 것이다. 사주에서 땅은 음(陰)으로 보는데, 재물은 땅이나 땅 속에 있는 것이고 하늘에는 있을 수 없다. 재물을 많이 가진 사람이라면 하늘을 가진다는 말은 없다. 엄연히 땅을 많이 가진 사람이 재물이 많다는 것을 알 수 있다. 우리들의 조상들은 땅 속에 묻혀 있기 때문에 조상에서 발복이 있다고 보는 것이다.

년지·월지 합 – 조상과 부모 덕이 있다.

[표 7] 부모 덕 사주의 예

시주	일주	월주	년주	구분
丙 寅	甲 午	乙 丑	戊 戌	사 주
火 木	木 火	木 土	土 土	오 행

이 사주는 甲午 일주가 乙丑 월주에 태어나서 월지를 얻지 못했으나, 시주가 丙寅이 되어서 火氣가 왕성하다. 시간

에 丙火는 일간에 甲木에게 목생화(木生火)로 위하여 힘을 설기해가고 있다.

그것도 모자라서 지지가 寅午戌 삼합으로 화국(火局)이 되고 있으므로 더욱 일간이 약해진다. 다행한 것은 월주가 己丑의 土가 되어서 己土는 나의 외로움을 달래주고 있고 丑土는 금국(金局)의 고(庫)가 되는데, 지장간에는 己土가 있어서 土의 힘이 강하여 火氣를 설기하는데 한몫을 해주고 있다. 자칫 甲木이 甲己合土로서 가버리더라도 火氣를 흡수하여 더욱 건강하게 될 수 있어서 월주의 도움이 크게 되어 이것은 모두 부모의 덕이 아닐 수 없다.

궁합 보는 법

결혼은 인륜지대사라 했다. 결혼은 일생에 단 한번을 하고 마는 것인지라 여간 어려운 것이 아니다. 그렇다고 두 번 세 번 결혼을 한다 함은 대단히 불행한 사람이다.

남녀가 자라온 가정환경과 가정의 법도가 다른 사람끼리 짝을 지어서 일생을 살아가는 데에는 이것이 매우 어려운 일이다.

그래서 어떤 사람은 중매를 하려고 여러 번 시도를 해 보아도 궁합이 맞지 않는다고 이야기를 하게 되면 유별나게 따진다는 등, 그래서야 어디 평생 결혼을 하겠느냐는 등의 말을 하는 사람도 있다.

한두 번 시도를 해 보아도 쉽게 성사가 되지 않는 관계로 짜증이 날만 하겠지만, 그래도 이해를 해야 할 부분이 있다.

인간이 태어나서 일생을 살아가는 동안 유년기를 거치면서 청년기, 장년기에 들어서면 결혼을 하게 되는데 그때 만난 사람과 일생을 살아가야 하는 것이 결혼이다. 그러므로 그것이 그리 쉬운 일이겠는가.

단 한번 하는 결혼임에도 인간은 태어날 때부터 배필이 정해져 있다는 것이 사주학에서의 이론이다.

그것도 때가 되어야 나타나게 되는 것이다. 다만, 그 때가 오지 않아서 배필이 나타나지 않고 있는데, 아무나 짝을 지어보려 하니 성사가 될 리가 만무하다는 것이다.

단 한 사람의 배필이 정해져 있는 것이라면 때가 오고 결혼을 해야 할 운이 오는 날에는 우연히 만나게 되고 쉽게 이루어지는 것이 자연의 이치이다.

그러므로 특히 궁합에 대해서 상세히 저술하고자 하는 것이다.

결혼을 해서 나쁜 궁합과 좋은 궁합을 나열해 보기로 한다.

남녀의 궁합에서 피해야 할 오행은 서로 상충이 되는 것을 피해야 하고, 원진이나 형살 같은 것을 피해야 한다. 특히 일주와 직접 이것이 걸리면 좋지 않다. 그리고 남녀의 궁합에서 가장 좋은 궁합은 천간에서 일주끼리 합이 되어야 하고, 지지에서도 일주끼리 삼합이나 육합이 되면 더욱 좋다. 이렇게 합이 되면 가령 년주나 월주 시주끼리 약간의 충이나 원진, 형살, 파 같은 것이 한두 개쯤 있어도 무방하다.

오행에서는 이리저리 맞추어 보면 서로가 걸리지 않은 사주는 드물다는 것이 중론이다. 그렇게 하나도 걸리지 않는 것을 고르려면 진짜로 평생 독신으로 지내야 할 것이다. 남자와 여자가 서로 일주끼리 합이 있으면 그것을 제일 좋게 보는 것이다.

① 찰떡궁합의 예

〈男 사주〉

시주	일주	월주	년주	구분
庚 辰	庚 申	己 卯	乙 未	사 주
金 土	金 金	土 木	木 土	오 행

〈女 사주〉

시주	일주	월주	년주	구분
辛 亥	壬 辰	壬 子	辛 巳	사 주
金 水	水 土	水 水	金 火	오 행

위에 두 사람의 사주·궁합은 남자 일주가 庚申 여자 일주가 壬辰으로 申子辰으로 완전한 삼합이 이루어졌고, 지지에서 亥卯未 삼합도 이루어졌다.

지지에서 子未 원진이 있고 辰亥 원진이 있지만, 申子辰 삼합과 亥卯未 삼합으로 소멸되었다.

남녀의 사주끼리 이렇게 삼합이 이루어지면 좋은 궁합일 뿐만 아니라, 더구나 남녀의 사주에서 일주와 일주끼리 합을 이루게 되면 속궁합이 좋아서 백년해로하게 되는 궁합이다. 그래서 흔히 하는 말로서 찰떡궁합이라 하게 된다.

② 자녀를 많이 낳게 되는 궁합의 예

〈男 사주〉

시주	일주	월주	년주	구분
己 酉	壬 子	庚 戌	丁 亥	사 주
土 金	水 水	金 土	火 水	오 행

〈女 사주〉

시주	일주	월주	년주	구분
乙 巳	丁 丑	丁 未	戊 申	사 주
木 火	火 土	火 土	土 金	오 행

위 두 남녀의 사주·궁합은 일간끼리 丁壬合木이 되었고 남자의 월간 庚과 여자 시간의 乙이 乙庚合金이 되었다.

지지에서 申子 반합에 巳酉丑 삼합이 되어서 이렇게 지지에서 巳戌 원진과 子未 원진이 있어도 이것 역시 삼합으로 가버렸으니 상쇄가 되었다.

子未 원진 역시 申子 반합으로 가버렸다. 오행에서는 충이나 원진보다는 합을 더 좋아하기 때문에 합이 있게 되면 충이나 원진이 있어도 상쇄가 된다. 특히 남녀의 일지끼리 子丑 방합을 이루게 되어서 좋은 궁합으로 결혼을 하면 자녀를 많이 낳게 된다. 일주끼리의 합은 속궁합을 보게 되는 것인데, 궁합에서 속궁합이 좋으면 사소한 문제가 발생해도 무사히 넘어가게 되므로 좋은 궁합이다.

③ 여자가 남자를 극하는 궁합의 예

〈男 사주〉

시주	일주	월주	년주	구분
己 酉	壬 戌	辛 卯	乙 未	사 주
土 金	水 土	金 木	木 土	오 행

〈女 사주〉

시주	일주	월주	년주	구분
己 巳	甲 午	己 丑	戊 寅	사 주
土 火	木 火	土 土	土 木	오 행

위 두 남녀의 사주는 壬戌 일주와 甲午 일주가 午戌로서 반합이 된다. 년지에 寅이 있어서 寅午戌 삼합이 되고 시주끼리 巳酉에 반합이 되고 여자의 월주에 丑이 있으므로 巳酉丑 삼합이다.

이렇게 완전 삼합이 둘씩이나 있으므로 巳戌 원진과 丑未 충 그리고 寅酉 원진이 있어도 일주끼리 합이 됨으로써 상쇄가 되어 결혼을 할 수 있다.

남녀의 궁합에서 년주는 겉궁합으로 보게 되고 일주는 속궁합으로 보게 되므로, 가령 속궁합이 나쁘고 겉궁합이 좋다고 하면 좋지가 못하다. 결혼을 하면 겉으로 남 보기에 좋을 것 같지만 서로 의견이 맞지 않고 불평불만이 팽배하여 같이 살기가 어렵고, 속궁합이 좋고 겉궁합이 나쁜 것은 해로하게 된다. 외부에서 보기에는 좋지 않게 보여도 서로 좋아하고 만족한 결혼생활을 할 수 있는 것이다.

④ 이혼하는 궁합의 예

〈男 사주〉

시주	일주	월주	년주	구분
丁 卯	己 巳	庚 子	丙 午	사 주
火 木	土 火	金 水	火 火	오 행

〈女 사주〉

시주	일주	월주	년주	구분
乙 卯	癸 亥	乙 巳	甲 寅	사 주
木 水	水 水	木 火	木 木	오 행

위 두 사람의 사주·궁합에는 亥卯 반합과 寅午 반합이 있는데 천간에는 乙庚 합이 있고 甲己 합이 있다. 지지에는 亥子 방합이 있고 천간과 지지에서 합이 5개나 된다.

지지 충은 巳亥 충이 있고 천간 충은 甲庚 충이 있다. 합이나 충이나 원진이 비슷비슷한데, 그렇다면 이 궁합은 좋지 않게 본다.

충, 원진보다 합이 더 많아야 좋은데, 이 남녀의 사주·궁합을 보면 그렇게 만족할 만한 궁합이 아니다. 그래서 요즘같이 궁합을 무시하고 결혼을 하는 경우에 비교한다면 이렇게 충이나 원진과 합이 서로 비중을 같이하는 궁합이라면 50 대 50으로 보고 결혼을 해도 무방하다는 생각이나, 막상 결혼이란 그리 간단한 문제가 아니다. 전혀 모르던 남남끼리 살다 보면 좋은 점은 점점 사라지고 나쁜 점만 눈에 들게 됨으로써 결국 서로가 헤어지는 사태에 이르게 된다.

⑤ 무자식하는 궁합의 예

〈男 사주〉

시주	일주	월주	년주	구분
辛 卯	丙 子	丁 丑	甲 申	사 주
金 木	火 水	火 土	木 金	오 행

〈女 사주〉

시주	일주	월주	년주	구분
丁 亥	庚 午	丙 辰	戊 寅	사 주
火 水	金 火	火 土	土 木	오 행

위 두 남녀의 사주·궁합에서 보면 지지에 子午 충과 申寅 충 그리고 丑午 원진이 있고 천간에는 甲庚 충과 丙辛 합이 있다.

지지에서는 申子辰 삼합이 있으나 충이나 원진보다는 합이 적다. 합이 두 개에 충과 원진이 하나씩이라면 상쇄가 된다고 보지 않는다. 그래서 궁합이 적절치 못하다.

만약에 이 두 사람이 결혼을 하게 되면 우선 가난을 면치 못하고 무자식하게 된다. 최소한 합이 많다거나 서로의 일주를 도와주는 관계가 되어야 하므로, 이러한 궁합은 결혼은 성립되지 못하고 결혼을 하면 사주 구성상 무자식하게 된다. 그래서 결혼을 하더라도 헤어지기 십상이다.

⑥ 여자가 가세를 쥐게 되는 궁합의 예

〈男 사주〉

시주	일주	월주	년주	구분
戊 寅	庚 午	丙 辰	戊 寅	사 주
土 木	金 火	火 土	土 木	오 행

〈女 사주〉

시주	일주	월주	년주	구분
戊 子	丙 戌	癸 丑	壬 午	사 주
土 水	火 土	水 土	水 火	오 행

위 두 사람의 사주·궁합에서 보면 우선 합은 寅午戌 삼합, 子辰 반합, 천간에서는 戊癸 합이 있고, 반대로 충이나 원진은 子午 충, 辰戌 충, 丙壬 충이다. 丑午 원진이 있다. 그렇다면 이 사주도 합보다는 충이나 원진이 더 많은 사주·궁합이다. 결혼을 하게 되면 여자 쪽에서는 나쁠 것이 없으나 남자 사주 중에서 일간 庚金을 여자 사주에 일간 丙火가 화극금(火剋金)으로 녹이는 결과이다. 당사자끼리 좋아해서 결혼하여 살면 남자는 여자에게 쥐어 살게 되고 氣를 펴지 못하므로 가세는 여자가 이끌어 가게 된다.

⑦ 매일 싸우는 궁합의 예

〈男 사주〉

시주	일주	월주	년주	구분
丁 巳	戊 辰	庚 戌	癸 未	사 주
火 火	土 土	金 土	水 土	오 행

〈女 사주〉

시주	일주	월주	년주	구분
辛 未	甲 戌	甲 辰	丁 亥	사 주
金 土	木 土	木 土	火 水	오 행

위 두 사주의 궁합을 보면 지지에서 반합이 亥未가 있고, 巳亥 충 巳戌 원진과 辰亥 원진이 있다.

그리고 甲庚충이 있다. 이렇게 되면 합보다는 충이나 원진이 훨씬 많은 경우로서 궁합이 좋지 못하다. 위 남녀의 사주는 궁합으로써 적절치 못한데 충이나 원진보다는 합이 많아야 결혼을 하게 되고 해로하게 되는 것이다. 그러나 이 사주에 궁합은 매일같이 싸우는 것을 일삼아 하게 되므로 적성이나 성격을 볼 때 위 두 사람은 하나같이 충이나 극으로만 되어 있어서 싸움을 자주하게 되므로 이는 불행한 일이 아닐 수 없다.

⑧ 합으로 보는 궁합의 예

〈男 사주〉

시주	일주	월주	년주	구분
癸 卯	壬 辰	辛 未	甲 午	사 주
水 木	水 土	金 土	木 火	오 행

〈女 사주〉

시주	일주	월주	년주	구분
庚 辰	乙 巳	戊 寅	乙 未	사 주
金 土	木 火	土 木	木 土	오 행

위의 두 사주로 궁합을 종합적으로 판독할 때 오행의 구성이 잘 배치가 되었다. 그러면 합이나 충에 대해서 알아보자. 卯未 합이 있고 寅午 합이 있고, 충이나 원진이 하나도 없다. 이런 궁합은 괜찮다고 볼 수 있다. 물론 더 깊이 용신이나 격국까지 대운과의 관계를 상세하게 계산을 해보면 달라질지 모르겠지만, 우선은 이 정도로만 맞는다면 궁합은 좋은 것이다. 남녀의 사주·궁합에서는 제일 먼저 충이나 원진이 얼마나 많은가 하는 것이고, 두번째는 합이 얼마나 많은가 하는 것이다. 가령 충이나 원진, 그리고 형이나 파 같은 것이 없다고 본다면 이 두 남녀의 사주는 합이 많게 되는 것이므로 궁합이 좋다고 본다.

⑨ 충과 원진으로 보는 궁합의 예

〈男 사주〉

시주	일주	월주	년주	구분
壬 午	乙 丑	乙 未	辛 巳	사 주
水 火	木 土	木 土	金 火	오 행

〈女 사주〉

시주	일주	월주	년주	구분
甲 子	甲 辰	乙 亥	甲 申	사 주
木 水	木 土	木 水	木 金	오 행

위 두 사람의 사주·궁합 중에는 子午 충이 있고 巳亥 충과 子未 원진이 있다. 합은 亥卯에 반합이 하나 있기는 하나, 그것으로는 충과 원진을 상쇄할 수 없다. 만약 이 두 사람이 결혼을 하게 되면 충의 마찰로 인하여 자주 싸우게 되고 결국 헤어지게 된다. 그리고 일간끼리 비겁이 되어서 오래 가지 못할 뿐만 아니라, 원진의 세력으로 서로 미워하게 된다. 사주가 이렇게 해서 만나게 되면 십중팔구는 해로하지 못하고 헤어지게 된다.

⑩ 오행으로 보는 궁합의 예

〈男 사주〉

시주	일주	월주	년주	구분
乙 未	辛 午	丙 辰	戊 寅	사 주
木 土	金 火	火 土	土 木	오 행

〈女 사주〉

시주	일주	월주	년주	구분
戊 子	丙 戌	癸 丑	壬 午	사 주
土 水	火 土	水 土	水 火	오 행

水(0) 水(3)

(1)金 土(3) 木(2) (0)金 土(3) 木(0)

火(2) 火(2)

위 두 사람의 남녀 궁합 오행 중에서 좌우로 金과 木이 너무나 부족한 상태이다. 반면에 중앙 土가 많이 분포되어 있다. 이렇게 되면 근본적으로 오행이 잘 맞는다고 볼 수 없다. 가령, 동서로 金과 木이 시소를 타고 있다고 한다면, 동쪽에 木은 두 개가 있고 金은 하나밖에 없다. 그리고 중앙에 土가 집중적으로 많이 있고 남북으로 동서(東西)가 부족하다. 개인으로 보나 궁합으로 보나 오행이란 골고루 배열이 됨으로써 길하게 보는 것이다. 그래도 이 정도면 결혼을 해도 무방하다.

〈男 사주〉

시주	일주	월주	년주	구분
丁 卯	己 巳	壬 子	丙 午	사 주
火 木	土 火	水 水	火 火	오 행

〈女 사주〉

시주	일주	월주	년주	구분
癸 亥	癸 亥	乙 巳	甲 寅	사 주
水 水	水 水	木 火	木 木	오 행

水(1)

(1) 金　土(1)　木(1)

火(4)

水(4)

(0)金　土(0)　木(3)

火(1)

위 두 사람의 남녀 궁합은 오행이 水, 木, 火 쪽으로만 편중이 되어 있으나 土金이 부족하다. 우선 사주를 감별할 때는 오행부터 골고루 배열이 잘되어 있는지 분별하는 것이 좋다. 아무리 합이 잘 맞는 사주일지라도 오행이 한쪽으로 쏠려 있다면 좋지 못하다. 우선 중앙은 土요 서쪽은 金인데 土金이 부족하다. 이렇게 오행이 배열되었다면 사회활동력이 부족하여 결실이 어렵다고 보는 것이다. 한 사람의 개인 사주도 그러하지만, 더구나 두 사람 사주에서 오행이 비어 있다면 결혼은 불가능하다.

사주와 대운(大運)

우리는 지금까지 기초적인 사주공부를 시작으로 하여 음양오행의 상생, 상극과 합|충|파|형|원진|12운성|지장간|육친 등을 공부해 왔다.

어느 한 부분이라도 소홀히 해서는 안 된다. 사주공부를 함에 있어서 가장 기초적이고 쉬운 것부터 하나씩 익혀나가는 것이 가장 중요하다.

그래서 사주를 너무나 쉽게 생각하고 한꺼번에 많은 것을 알려고 하는 것은 절대적으로 금물이다. 앞에서 배운 것을 머리 속에서 완전히 익히고 나서 다음 것을 외우는 습관이 가장 중요한 것이다.

우리가 고층 빌딩을 지으려면 기초공사가 중요하듯이 기초공사가 제대로 되지 않으면 고층 빌딩이 중도에 쓰러지고 마는 격이다.

사주를 공부하는 사람도 짧은 시일 내에 너무 많은 것을 배우려다가 끝까지 가지도 못하고 중도에서 포기하는 예를 많이 보아 왔다. 지금까지 우리는 배우고 익힌 실력을 한껏 발휘해 볼 기회가 온 것이다. 현재까지는 각 부분별로 연습

문제를 보아왔지만 지금부터는 현재까지 익힌 사주에서 중요한 부분들, 합이라든지 충|파|형|원진|12운성|지장간|육친의 관계 등을 총망라하여 종합적으로 대운에서의 작용을 포함하여 판독해 보기로 한다.

본인들이 배우고 익힌 실력으로서 판독하는 것이 앞으로 실전에 대비되는 만큼 연습해 보기로 한다.

특히 사주의 예에서 해답 또한 절대적으로 옳은 답이 아니라는 것을 염두에 두기 바라면서 복잡하게 얽히고설킨 인생의 사주의 운명을 판독함에 있어서 앞으로 사주 공부에 커다란 도움이 될 것이다.

인덕이 없는 사주

[표 1] 월간 상관 사주 예

시주	일주	월주	년주	구분
己 未	癸 亥	甲 辰	壬 午	사 주
土 土	水 水	木 土	水 火	오 행

대 운							
77	67	56	47	37	27	17	7
丙 申	丁 酉	戊 戌	己 亥	庚 子	辛 丑	壬 寅	癸 卯

이 사주는 癸亥 일주가 甲辰 월주에 태어나서 월지에 득령을 하지 못했으나, 일지가 亥水에 비견으로 득지를 했다. 일간이 신약하면 비견이 나를 도와주기 때문에 도움이 된다. 그러나 월간이 甲木으로 나에게는 상관이 되어서 내가 생을 해 주어야 하는 관계이다.

원래는 내가 생을 받아야 좋은데 오히려 반대가 되었으므로, 이 사주는 부모 덕이 없다고 보는 것이다. 월지와 일지는 지지가 辰亥 원진이 되어서 태어나면서부터 모친궁과 원진이 된다함은 어릴 때부터 몸이 약하여 여위고 몸에 흉터나 점이 있게 된다. 주변에서 육친관계에 극이 많은 관계로서 인덕이 없는 사주다.

재다신약 사주

[표 2] 대운 사주 예

시주	일주	월주	년주	구분
甲 辰	丁 酉	乙 酉	庚 申	사 주
木 土	火 金	木 金	金 金	오 행

대 운							
75	65	55	45	35	25	15	5
丁 丑	戊 寅	己 卯	庚 辰	辛 申	壬 午	癸 未	甲 申

이 사주는 丁酉 일주가 乙酉 월주에 태어나서 득령을 하지 못했고 일지에도 酉金의 재성을 만나서 사주가 신약하다. 金 오행에 재성이 너무 많으므로 이러한 사주를 보고 재다신약이라고 한다.

남자 사주에서 재다신약이면 처가 가정에서 주도권을 쥐게 되고 정작 본인은 무능력하게 된다.

만약 여자 사주가 재다신약이 되면 팔자가 사납다고 하는 것이다. 그것은 여자는 사주에서는 관이 남자를 뜻하고 명예나 기타 활동을 말하는데, 사주에서 관이 없고 재가 많으면 재는 재물로 보기 때문에 남자가 하는 일을 여자가 모두 대신해야 되는 꼴이 되어서 매사에 힘이 들고 남자가 없거나 혹 남자가 있다 해도 무력하다.

조실부모하는 사주

[표 3] 대운 사주 예

시주	일주	월주	년주	구분
戊 寅	乙 巳	丙 辰	戊 申	사 주
土 木	木 火	火 土	土 金	오 행

대운							
71	61	51	41	31	21	11	1
甲 子	癸 亥	壬 戌	辛 酉	庚 申	己 未	戊 午	丁 巳

이 사주는 乙巳 일주가 丙辰 월주에 태어나서 월지 辰土가 水에 고(庫)이기는 하나 土가 되어서 득령을 하지 못했고 일지도 巳火가 되어서 득지하지 못했다.

시지에 寅木이 乙木에 겁재로서 일간이 나약하므로 도움이 되고 있다. 그런데 이 사주의 대운을 자세히 살펴보면 15세 이후에 午火운에서 시지 寅木이 寅午로서 화국(火局)에 반합을 이루게 되어서 신이 극도로 쇠약해진다.

이 사주는 월간에 丙火가 시간과 연간에 戊土에게 설기를 당하게 되므로 아버지와 일찍 사별을 하였다. 만약 丙火가 오래도록 건전하다면 이 사주의 주인공이 일찍 사망하게 된다. 대운에서 들어오는 운을 보면 중년에 金운이 들게 되어서 사주가 운이 좋지 못하고 51세 壬水의 대운에서부터 운이 잘 풀리게 된다.

재가한 여자 사주

[표 4] 대운 사주 예

시주	일주	월주	년주	구분
辛 酉	戊 寅	丙 寅	己 亥	사 주
金 金	土 木	火 木	土 水	오 행

대 운							
77	67	57	47	37	27	17	7
甲 戌	癸 酉	壬 申	辛 未	庚 午	己 巳	戊 辰	丁 卯

이 사주는 戊寅 일주에 丙寅 월주에 태어나서 월지 寅木을 만나서 실령을 하였고 일지에도 寅木을 만났다. 그러나 연간에 己土가 겁재로서 도움을 얻고 월간에 丙火가 화생토(火生土)로서 일간을 생해 주고 있다. 그러나 여자 사주에서는 나를 극하는 오행인 관(官)이 남편인데 이 사주는 월지에 寅木과 일지에 寅木이 나란히 있어서 이것이 戊土의 편관이 되므로 결혼을 두 번 하게 되는 팔자다.

사주를 풀이해 보면 대부분 유전적이라는 것을 알 수 있다. 이 사주의 부모도 월주가 丙寅으로서 결혼을 두 번 했고 자식 또한 부부 운이 희박한 것을 알 수가 있다.

재취한 남자 사주

[표 5] 대운 사주 예

시주	일주	월주	년주	구분
己 巳	甲 寅	癸 丑	丁 亥	사 주
土 火	木 木	水 土	火 水	오 행

대운							
77	67	57	47	37	27	17	7
己 巳	丙 午	丁 未	戊 申	己 酉	庚 戌	辛 亥	壬 子

이 사주는 甲寅 일주에 癸丑 월주이다. 월간에 癸水가 있고 년지에 亥水에 인성(印星)이 있어서 신왕하다. 丑土의 지장간에 있는 己土가 시간에 투출이 되어서 정재격인데 사주가 정재격이 되면 정재의 세력이 사주를 좌지우지하게 된다. 이 사주는 일주가 甲寅으로서 간지동으로 천간과 지

지가 같은 木이므로 조화가 맞지 않는다.

천간은 양(陽)이요 하늘이고 남자이고, 지지는 음(陰)이요 땅이요 여자인데, 이 사주는 같은 오행으로서 음양에 조화가 부족하여 분별력이 없어서 남자와 여자의 구분이 없게 되고, 결혼을 하면 부부 운이 좋지 않아서 장가를 두 번 이상 가는 사주이다.

아들이 2명이다.

[표 6] 대운 사주 예

시주	일주	월주	년주	구분
壬 寅	壬 戌	戊 寅	庚 戌	사 주
水 木	水 土	土 木	金 土	오 행

대운							
77	67	57	47	37	27	17	7
庚 午	辛 未	壬 申	癸 酉	甲 戌	乙 亥	丙 子	丁 丑

이 사주는 壬戌 일주가 戊寅 월주에 태어나서 월지를 얻

지 못하고 실령을 했으며 일지에도 戊土의 관(官)을 만났다. 여자 사주는 관을 받들어야 마땅함에도 비해서 관을 깔고 앉아 있다 하여 팔자가 드세다고 보는 것이다. 남자는 외부에서 활동을 해서 돈을 벌어야 하는데 그것이 거꾸로 되었다. 남자의 할 일을 여자가 모두 해야 한다. 요즈음에는 여자가 남자보다 활동력이 왕성한 예가 많으므로 차라리 맞벌이를 하면 되지 않겠느냐고 반문을 할지 모르나, 여자가 드센 만큼 남자의 氣가 쇠하게 된다.

연상의 부인이다.

[표 7] 대운 사주 예

시주	일주	월주	년주	구분
己 亥	辛 丑	戊 戌	壬 寅	사 주
土 水	金 土	土 土	水 木	오 행

대운							
74	64	54	44	34	24	14	4
丙 午	乙 巳	甲 辰	癸 卯	壬 寅	辛 丑	庚 子	己 亥

이 사주는 辛丑 일주가 戌월에 태어나서 득령을 했고 일지에도 丑土를 만나서 득지를 했다. 그래서 이 사주는 신강한 사주이다. 월지 戌土 지장간에는 戊土가 암장되어 있는데 월간에 투출이 되어서 정인격이다. 사주가 정인격이 되면 정인에 의해서 사주의 운에 영향을 받게 된다.

정인이란 나를 낳아 준 어머니로서 이 사주는 어머니의 후광을 많이 받게 된다. 그리고 일지가 丑土가 되어서 편인으로 일지 처 궁이 편인이라면 편인・정인은 나를 낳아 준 어머니와 같다는 뜻으로 나이가 많은 연상의 여인과 살고 있는 사주다.

배다른 형제가 있는 사주

[표 8] 비겁이 많은 사주 예

시주	일주	월주	년주	구분
癸 亥	癸 巳	戊 午	癸 丑	사 주
水 水	水 火	土 火	水 土	오 행

대운							
74	64	54	44	34	24	14	4
丙	乙	甲	癸	壬	辛	庚	己
寅	丑	子	亥	戌	酉	申	未

이 사주는 癸巳 일주가 午월에 태어나서 월지에 득령하지 못했고 일지에 巳火를 만나서 득지하지 못했다. 그러나 癸水에 비견이 2개나 되고 시지에 亥水의 비겁을 만나서 水의 기운이 왕하다. 사주 내에서 비견이 많고 겁재가 있으면 일간이 약할 때에는 도움이 되고 일간이 왕할 때에는 좋지 못하게 되는데, 비견이란 나와 성격과 세력이 꼭 같은 것이여서 마주치게 되면 양보를 모르고 서로가 지지 않으려는 습성이 있어서 주변 사람들과 자주 싸움을 자주 하고 시비를 걸게 된다.

더구나 일지와 월지에 巳火, 火의 정재와 편재가 있어서 이 재를 비견·겁재가 탐을 하게 됨으로써 재산 싸움이 벌어지게 되는 것이다.

복권당첨이 잘 되는 사주

[표 9] 지장간에 정·편재 사주 예

시주	일주	월주	년주	구분
庚 戌	丁 未	辛 巳	丁 未	사 주
金 土	火 土	金 火	火 土	오 행

대 운							
77	67	57	47	37	27	17	7
癸 酉	甲 戌	乙 亥	丙 子	丁 丑	戊 寅	己 卯	庚 辰

이 사주는 丁未 일주가 辛巳 월주에 태어나서 월지에 득령을 했고 일지에도 未土를 만나서 일지를 얻었다고 할 수 있다. 未土는 여름에 더운 계절이므로 火의 기운을 얻을 수 있는 시기이기 때문이다. 사주가 신강하고 월간에 辛金에 편재가 있고 시간에는 庚金이 정재이다.

그래서 사주에서 정·편재가 있으면 처복과 재물복이 따르게 된다. 특이한 것은 월간에 투출된 辛金도 시지에 戌土의 지장간에 辛金이 뿌리를 박았고 庚金도 월지의 巳火의 지장간에 뿌리를 박아서 재(財)가 지지에 운을 받고 있다는 것이다.

이렇게 되면 사주 운이 지운(地運)에 따라서 복권에 당첨이 될 확률이 일반 사주보다 가장 높다는 것이다. 모든 재물은 지운이 따라 주어야 가능하므로 이 사주는 복권이나 기타 상금이 자주 따르게 된다.

쌍팔통 사주

[표 10] 쌍(양)팔통 사주 예

시주	일주	월주	년주	구분
甲 戌	己 亥	辛 未	甲 戌	사 주
木 土	土 水	金 土	木 土	오 행

대운							
74	64	54	44	34	24	14	4
己 卯	戊 寅	丁 丑	丙 子	乙 亥	甲 戌	癸 酉	壬 申

남자 사주로서 己亥 일주가 辛未 월주에 태어나서 일지

에는 지지가 亥未 목국(木局)에 반합으로 기울어졌으므로 재성이 약하다. 소년시절을 제외한 대운에서는 크게 운을 맞이하지 못했다. 연간과 시간의 甲木에 정관은 甲己合土가 되어서 관의 구실을 제대로 하지 못했다.

그러다 보니 평생을 정치판에서 뒤를 따라 다니면서 뜬 구름을 잡는 신세였는데, 그나마 44세의 대운 丙子운을 맞으면서 대의원을 한번 할 수가 있었고, 54세 丁丑, 64세 戊寅, 대운에서는 왕한 土氣를 계속 생해주면서 건강에 이상이 생기게 되었는데, 더욱이 寅운이 오자 지지가 寅戌에 화국에 반합이 되면서 혈압으로 쓰러지게 된 것이다.

사주 내에 甲木이 있으면 의지가 매우 강한 사주가 되는데, 이 사주는 년주와 시주에 왕한 甲木이 버티고 서 있으니 마음이야 오직 크겠나마는 메마른 땅에 온기가 없으니 발복하지 못한 사주이다. 水氣도 약하고 己土는 甲木의 왕한 관을 2개씩이나 키워내기란 역부족이다.

그러나 근래에 와서는 甲木이 큰 재목이 되는 것으로 甲木이 2개가 사주 내에 있으면 쌍팔통 사주라 하여 과거에는 기생이나 요즈음에는 연예인·예술인 등 사회에서 이름을 떨치는 유명한 사람의 사주에서 흔히 볼 수가 있다.

윤제胤齊
노영준盧永埈
40년 이상
풍수지리 및 역학
연구

· 2000년 사단법인 한국자연지리협회 설립
· 사단법인 한국자연지리협회 풍수지리 역학 강의
· 한국교육학술정보원 평가위원
· 대한뉴스 논설위원
· 1992년 EBS 교육방송 연재
· 1995년 한국일보 강의(10년간)
· 2002년 일본 니가타 대학 및 문화원 강의
· 국립현대미술관 초대작가 및 작품 소장작가
· KBS, SBS, MBC, TV조선 등 다수 출연
 – 복권명당(종로3가)
 – 박사마을(춘천)
 – 맞선명당(서울프라자호텔)
 – 봉하마을(노무현 전 대통령 생가)
 – 연리지나무(충북 괴산)
 – 덤벙산(전남 해남)
 – '서울의 지세' TV조선 외

주요 저서
· 역학비결(초급, 중급, 고급)
· 사주비결록(초급, 중급, 고급)
· 사주실전감정(화복론)
· 역학사전
· 명당의 기운(초급 패철사용법)
· 명당의 기운(중급 실전용세론)
· 명당의 기운(고급 패철화복론)
· 명당은 있다
· 양택 풍수(초급 실전인테리어)
· 양택 풍수(중급 주택인테리어)
· 양택 풍수(고급 고급인테리어)
· 주택명당

사단법인 한국자연지리협회
주소: 서울시 동대문구 왕산로 128
전화: 02-929-1188
홈페이지: www.ps21c.com

사주대로 산다 – 사주 초급

2016년 7월 25일 초판 1쇄 인쇄
2016년 7월 30일 초판 1쇄 발행

지은이 (사)한국자연지리협회 회장 노영준
펴낸이 진욱상
펴낸곳 백산출판사
교 정 편집부
본문디자인 박채린
표지디자인 오정은

저자와의 합의하에 인지첩부 생략

등 록 1974년 1월 9일 제1-72호
주 소 경기도 파주시 회동길 370(백산빌딩 3층)
전 화 02-914-1621(代)
팩 스 031-955-9911
이메일 edit@ibaeksan.kr
홈페이지 www.ibaeksan.kr

ISBN 979-11-5763-265-7
값 16,000원

* 파본은 구입하신 서점에서 교환해 드립니다.
* 저작권법에 의해 보호를 받는 저작물이므로 무단전재와 복제를 금합니다.
이를 위반시 5년 이하의 징역 또는 5천만원 이하의 벌금에 처하거나 이를 병과할 수 있습니다.